구술생애사를 통해 본
여성 노동운동

구술생애사를 통해 본

여성 노동운동 <small>1970년대 여성 노동자의 경험 그리고 기억</small>

초판 1쇄 인쇄 · 2023년 10월 10일
초판 1쇄 발행 · 2023년 10월 20일

지은이 · 정재원
펴낸이 · 한봉숙
펴낸곳 · 푸른사상사

주간 · 맹문재 | 편집 · 지순이 | 교정 · 김수란
등록 · 1999년 7월 8일 제2-2876호
주소 · 경기도 파주시 회동길 337-16 푸른사상사
대표전화 · 031) 955-9111(2) | 팩시밀리 · 031) 955-9114
이메일 · prun21c@hanmail.net / prunsasang@naver.com
홈페이지 · http://www.prun21c.com

ISBN 979-11-308-2092-7   93330
값 22,000원

여성학 총서 19

구술생애사를 통해 본
여성 노동운동

1970년대 여성 노동자의 경험 그리고 기억 　　　　　정재원

푸른사상
PRUNSASANG

여성 노동자의 목소리에 귀 기울이기

이 책은 여성 노동자들의 목소리와 경험을 통해 1970년대 여성 노동운동이 활성화되었던 조건을 밝히고자 하였다. 합법적인 노동운동이 불가능했으며, 폭압적인 노동 탄압하에서 여성 노동자들은 어떠한 과정을 통해서 운동에 참여하게 되었고, 어떻게 저항했을까?

해방 후의 한국 사회에서 노동자계급이 뚜렷한 사회적 존재로서 그들의 문제를 본격적으로 제기하기 시작한 것은 1970년대에 들어서면서부터이다. 흔히들 '노동자 1세대'라고 지칭하는 집단이 이 시기에 자기 목소리를 내기 시작하였다. 특히 70년대 민주노조 운동의 경험은 지금까지 면면히 이어져 내려오고 있으며, 이러한 운동은 여성들의 높은 의식과 투쟁력을 바탕으로 노동운동의 명맥을 유지하는 데 중요한 역할을 하였다.

산업화 시기 여성 노동자들이 중심이 되어 이끌었던 민주노조 운동은 전 세계 유례를 찾기 어려울 정도로 매우 특별한 의미를 갖는다. 아시아 신흥공업국의 노동운동에 대한 연구들은 대부분 이 지역 노동운동의 허약성을 강조하였다. 이들 국가의 노동운동이 취약할 수밖에 없는 이유 중 하나가 바로 여성 노동력의 특수성에서 비롯된다는 것이다. 즉, 경공업 부문에 집중 고용되어 있는 저연령 여성 노동자들의 유순성, 순종성 그리고 임금노동의 일시성이 그들의 노동계급 형성을 저해해왔으며 조직화를 방해하고 투쟁력을 약화시켰다는 것이다. 젊은 여성 노동자들은 남성 노동자들에 비해 노조 가입 문제에 대해 무관심하거나 노조 활동에 적극적으로 참여하기를 주저하는 경향을 보인다는 통념이 지배적이었다. 그러나 이러한 통념이 한국 사회에서는 나타나지 않았으며, 오히려 어린 여성 노동자들이 노동운동을 주도했다는 사실은 한국만의 독특한 현상이었다.

여성 노동자들은 태동기의 노동운동에서 중추적 역할을 맡았고 실질적인 추진 세력이었다. 국가의 폭압적인 노동 탄압도 여성 노동운동의 활성화 추세를 전적으로 억누르지 못했다. 이 시기 노동운동에 대한 연구는 양적인 차원에서는 다른 어느 시

구술생애사를 통해 본 여성 노동운동

기보다도 많은 결과물들을 낳았다. 그러나 대부분 운동의 결과에 대한 평가에 치중되어 있고 노동운동이 가능했던 조건에 대한 연구는 거의 찾아보기 어렵다. 주로 노동쟁의의 전개 과정에 대한 소개와 노동자 상태에 대한 개괄적인 서술에 그치는 경우가 대부분이다. 당시 여성 노동자 중심의 민주노조 운동 사례를 살펴보면 그 투쟁력과 지속성, 단결력은 사전의 치밀한 준비와 강한 조직력이 뒷받침되지 않았다면 노동운동 자체가 불가능했을 것이다. 그렇다면 여성 중심의 조직적인 민주노조 운동은 어떻게 가능했을까?

이 책은 이러한 문제의식에서 출발하였다. 1970년대 여성 노동자들이 어떠한 과정을 통해서 노동운동에 참여하게 되었는지 그 조건들을 경험세계를 중심으로 살펴보고자 하였다. 여기서 경험세계는 공통 경험과 공통 이해가 형성되는 공장을 중심으로 한 생산 활동뿐만 아니라 주거 공간, 여가 형태 등을 포함한다. 경험세계에 대한 접근은 각 개인의 구술생애사에 초점을 맞추었다. 이러한 방법을 선택하게 된 이유는 여성 노동자들이 단지 산업화의 산물로만 그려지고 있는 기존 설명 방식에 대한 비판에서 출발하였다. 노동자들에게는 노동자가 되기 전에 형성된 삶의 맥락에 따라서 산업화 과정이 각 개인에게 해석되는 방식이 다르다고 보았다. 따라서 여성 노동자들이 처해 있는 조건뿐만 아니라 그 속에서 그들이 경험하는 바가 무엇인가 하는 주관적 측면이 매우 중요한 것이다.

여성 노동운동이 활성화된 조건을 파악하는 데 있어 외부의 사회문제로부터 자료를 모으는 접근 방식이 아니라 여성 노동자의 경험과 해석을 통해 역사를 재구성하고자 하였다. 이를 위해서 1970년대 민주노조의 대표적인 사업장이었던 반도상사, 동일방직, YH무역, 원풍모방에서 핵심적으로 활동했던 여성 노동자들을 만났다. 기억 저편에 묻혀버린 여성 노동운동을 해석하기 위해 여성 노동자의 목소리를 귀담아 들어보았다. 가부장적 가족 구조에 의해서 교육 기회를 차단당한 여성 노동자들이 이러한 차별의 경험을 어떻게 공유하고, 노동자로서의 의식 전환을 이루게 되었는지 구술생애사 인터뷰를 통해 그 진실을 알리고 싶었다.

이 책이 여성 노동운동에 대해서 새롭게 인식하게 되는 계기가 되길 바라며, 1970년대 여성 노동자들의 연대와 투쟁의 경험을 통해서 여성 노동자들의 저항 정신 그리고 연대의 정신을

되새겨볼 수 있기를 희망한다. 차별에 대한 새로운 자각, 평등한 세상을 꿈꾸며 차별 구조에 저항했던 그녀들의 이야기는 현재를 살아가는 우리들에게 더 나은 세상에 대한 상상과 용기를 갖게 할 것이다.

이 책이 세상에 나오기까지 참으로 오랜 시간이 걸렸다. 1993년에 제출한 석사학위 논문이 30년이 지나서야 세상에 나왔다. 여성 노동운동에 관심을 갖는 이들이 거의 없는 상황에서 언제나 격려와 따뜻한 지도를 해주신 조순경 교수님께 진심으로 감사드린다. 그리고 무엇보다도 이 연구에 참여하신 19명의 여성 노동자 그리고 영등포 산업선교회 조지송 목사님께 깊은 감사를 올린다. 이분들 덕분에 잊혀진 여성 노동운동의 역사가 작은 부분이라도 복원되었기를 바란다. 그리고 이 책을 통해서 우리에게 이렇게 멋진 여성 노동운동의 역사가 있다는 사실을 기억하고 그것이 우리의 자부심이 되기를 희망해본다.

2023년 가을
정재원 두 손 모음

차례

제6장 투쟁 경험과 조직에 의한 성장

맺음말 1970년대 여성 노동운동을 기억해야 하는 이유

구술생애사를 통해 본 여성 노동운동

제1장

여성 노동자의 '경험'으로 새로 보기

1 여성 노동운동은 어떻게 가능했을까?

해방 후의 한국 사회에서 노동자계급이 뚜렷한 사회적 존재로서 그들의 문제를 본격적으로 제기하기 시작한 것은 1970년대에 들어서면서부터이다. 흔히들 '노동자 1세대'라고 지칭하는 집단이 이 시기에 자기 목소리를 내기 시작한 것이다. 특히 70년대 노동운동을 특징지었던 민주노조 운동의 경험은 지금까지 면면히 이어져 내려오고 있으며, 이러한 민주노조 운동은 여성들의 높은 의식과 투쟁력을 바탕으로 70년대 노동운동의 명맥을 유지하는 데 중요한 역할을 하였다.

합법적인 노동운동이 불가능했고, 유신 체제의 폭압적인 노동 탄압하에서 이루어진 여성 노동자 중심의 민주노조 운동 사례를 살펴보면 그 투쟁력과 지속성, 단결력은 사전의 치밀한 준비와 강한 조직력이 뒷받침되지 않았다면 거의 불가능했을 것이다. 70년대 초반에 이루어진 민주노조의 설립 과정을 살펴보면 순탄하게 이루어진 곳은 없었다. 어용노조 추방 운동으로 이전의 어용 지부장을 몰아내고 한국 최초의 여성 지부장을 탄생시킨 동일방직, 노조 민주화 투쟁 과정에서 회사 측의 해고, 부서 이동, 경찰에 의한 연행, 지부장 구타에 조합원들의 특근 거부와 600여 명의 명동성당 농성으로 대항하여 노동자의 승리를 이끌어낸 원풍모방, 노조 결성 직후 지부장과 부지부장의 해고와 사무장 전출 발령에 맞서야 했던 YH무역 모두 노조 결성 과정 자체가 치열한 싸움의 과정이었다.

국가와 자본의 극한적인 탄압에 여성 노동자들은 극한적인 투쟁으로 대응하였다. 동일방직 노동조합이 그 대표적인 예이다. 노조 민주화 이후 회사는 지속적으로 파괴 공작을 시도했고 이에 여성 노동자들은 파업 농성과 나체 시위로 저항했다. 이러한 강고한 투쟁으로 노조 와해 공작을 극복해내자, 섬유노조의 조직행동대와 회사에 매수된 남성 노동자들이 여성 노조 간부들을 폭행하고 똥물을 퍼붓고는 지부 사무실을 점거하는 일이 벌어졌다. 이에 동일방직 노조는 조직 수호를 위해 명동성당에서 단식 농성 등 완강한 투쟁으로 저항했으나 결국 124명의 대량 해고를 당해야만 했다. 반도상사 노조의 경우는 임금 인상 투쟁을 위해서 40여 일 동안이나 낮에는 작업을 하고 야간에는 시위와 농성을 하는 강고함을 보여주었으며, YH무역의 폐업 조처에 대한 여성 노동자들의 신민당사 농성은 한 여성을 죽음으로 몰아넣는 결과를 초래하였다.

　제1세대 여성 노동자들이 태동기의 노동운동에서 중추적 역할을 맡았고 실질적인 추진 세력이었다는 사실은 한국 사회에서만 볼 수 있었던 독특한 현상이었다. 일반적으로 젊은 여성 노동자들은 남성 노동자들에 비해 노조 가입 문제에 대해 무관심하거나 노조 활동에 적극적으로 참여하기를 주저하는 경향을 보인다고 생각한다. 아시아 신흥공업국의 노동운동에 대한 대부분의 연구들은 이 지역 노동운동의 허약성에 초점을 맞춰왔는데, 이들 국가의 노동운동이 왜 취약할 수밖에 없었느냐에 대한 설명 중 하나가 바로 여성 노동력의 특수성이다. 즉, 경공업 부문에 집중 고용되어 있는 저연령 미혼여성 노동자들의 유순성, 순종성, 그리고 임금노동의 일시성이 그들의 노동계급의 형성을 저해해왔으며 조직화를 방해하고 투쟁력을 약화시켰다는 것이다.

　그러나 이러한 일반적인 현상이 한국에서는 나타나지 않았다. 한국의 저연령 미혼여성 노동자들은 태동기의 노동운동에 활력을 불어넣었을 뿐만 아니라 기층 수준에까지 노동운동을 확산시킨 실질적인 추진 세력이었다.

2 여성 노동운동은 왜 망각되었는가?

그렇다면 이러한 여성 중심의 조직적인 민주노조 운동은 어떻게 가능했을까? 1970년대 여성 노동운동이 활성화된 이유에 대해서 지금까지 나와 있는 자료들을 살펴보면 크게 경제주의적 시각, 역사적 시각, 성별분업적 시각으로 나누어볼 수 있다.

1) 경제주의적 시각

경제주의적 시각이란 노동운동의 객관적 토대로부터 운동의 성격을 무매개적으로 도출하는 것을 의미한다. 객관적 지표로서 노동자계급 구성에 있어서 수적 증가와 근로조건을 기준으로 운동의 가능성을 추론하는 것이다. 이러한 경제주의적 시각에서 보면 여성 노동자의 수적 증가가 1970년대 여성 노동운동을 전개할 수 있는 배경이라고 설명한다.[1] 섬유, 전자 등의 단순·노동집약적 산업을 기반으로 한 수출주도형 경제성장 정책으로 여성 노동자들의 수가 증가하였기에 운동을 위한 조직적 기반을 확보할 수 있는 객관적 조건이 갖추어졌다고 보는 것이다. 노동자의 수적 증가가 노동운동을 가능하게 해주는 전제조건임에는 분명하지만 어떠한 매개도 없이 수적 증가만으로 운동이 가능할 수는 없다. 식민지 시대 노동자계급 구성에서 공장 노동자의 비율은 전체 노동자의 3.6%에 불과했지만 1920년대 후반 노동운동은 고양되었다. 이러한 역사적 사실은 노동운동이 그것의 객관적 규정력인 경제적 토대로부터 무매개적으로 규정받는 것은 아님을 시사해준다.[2] 수적 증가라는 것은 단지 객관적인 '집결'에 불과할 뿐이며 이것을 넘어서 노동자들이 집단행동으로 나아가기 위해서는 다른 차원의 과정이 요구되는 것이다.

다음으로는 여성 노동자들이 남성 노동자에 비하여 상대적으로 더욱 열악한 근로조건에서 일하고 있었다는 점을 들고 있다.[3] 남성 노동자 임금의 2분의 1 수준인 저임금과 장시간 노동

1 여성평우회, 「한국 여성운동에 대한 재평가 2」, 『여성평우』 3호, 1985, 19쪽.
2 정진호, 「노동운동의 연구현황과 전망」, 『한국사회연구 5』, 서울 : 한길사, 1987, 142~143쪽.
3 여성평우회, 앞의 글; 이태호, 「1970년대 노동운동의 궤적」, 『실천문

등이 여성 노동자들의 저항을 촉발시켰다고 본다. 1970년대 노동운동이 이러한 열악한 조건에 기반하고 있다는 사실을 반박할 사람은 없을 것이다. 하지만 이러한 조건이 곧바로 조직 운동의 활성화로 이어질 수는 없지 않은가? 특히 아시아 신흥공업국의 경공업 부문에 집중 고용되어 있는 저연령 미혼여성 노동자의 경우에는 열악한 노동조건임에도 불구하고 노동운동은 취약했다. 그렇다면 왜 한국에서만 유독 열악한 근로조건이 여성 노동자 운동을 활성화시켰는가? 또한 열악한 근로조건이라는 공통의 상황에서 노동운동이 활성화되는 사업장은 어떠한 조건에 기반한 것일까?

2) 역사적 시각

한국에는 역사적으로 훌륭한 여성 노동운동의 전통이 있기 때문에 1970년대 여성 노동자들이 노동운동의 전면에 나서게 되었다는 주장이 있다.[4] 한국의 여성 노동자들은 일찍이 일제의 탄압에 대항하여 노동운동을 강력히 전개한 강주룡을 시초

학』 4권, 1983; 정현백, 「여성 노동자의 의식과 노동세계」, 『노동운동과 노동자문화』, 서울 : 한길사, 1991; 「최병수, 노동운동의 평가와 새로운 전망」, 『노동 : 일터의 소리』, 서울 : 지양사, 1984.

4 이태호, 위의 글, 161쪽; 신인령, 「한국의 조직노동자와 여성」, 『여성·노동·법』. 서울 : 풀빛, 1985, 52쪽.

제1장 여성 노동자의 '경험'으로 새로 보기

로 하여 많은 선배 여성 노동운동가들이 쌓아놓은 전통을 이어받고 있다. 그리하여 오늘의 한국 여성 노동자들은 전래의 충효 사상을 거부하고 진보적인 민주주의 의식을 가진 권리와 의무의 주체로서의 자신을 자각함으로써 사회생활에 있어 비판의 눈을 뜨게 되었다는 것이다. 이러한 전통은 여성들이 사회와 정치에 대한 비판적 안목을 길러주고 자기 능력에 대한 강한 자부심을 갖게 해주었다는 것이다.

그러나 식민지 시대 여성 노동운동의 역사는 6·25전쟁을 거치면서 이후의 역사 속에서 그 전통을 이어왔다기보다는 철저한 단절의 형태를 띠었다고 보는 것이 옳을 것이다. 이는 식민지 시대 민족해방운동의 경험이 거의 완전히 소멸하고, 분단체제하에서의 냉전 이데올로기가 노동자들의 의식 속에 실체화된 힘으로 자리 잡게 된다는 것을 의미한다. 급격한 산업화와 도시화 속에서 형성된 노동자계급은 대부분이 대규모 공장제 생산을 처음으로 경험하는 이들이었으며, 자본주의적인 생활규율 그 자체에도 익숙지 않은 상태에 있었다. 이러한 단절의 역사는 1970년대 여성 노동운동의 성격을 규정하는 데 식민지 시대 여성 노동운동이 미친 영향력이 거의 없음을 의미한다.

3) 성별분업적 시각

성별분업적 시각은 성별분업 이데올로기에 의해서 여성을 2

차적 노동자로 분리시키는 관점이다. 즉, 여성 노동자들이 노동운동의 전면에 나서게 된 과정을 노동자로서의 자각이나 이에 기반한 조직적 대응으로 인식하기보다는 여성 노동자를 가족 부양의 의무에서 제외된 존재, 결혼이라는 도피처가 있는 존재로 규정하는 것으로부터 설명한다.

당시 여성 노동자들이 해고와 투옥을 각오하고 싸울 수 있었던 것은 남자들에 비해 가족 부양의 부담이 상대적으로 가볍다는 점에서 설명하는 시각이 있다.[5] 그러나 여성 노동자의 대부분은 농촌에 가족을 두고 있고 단신으로 이농한 경우가 대부분이며, 이 경우 가족의 생계비 보조율이 결코 낮지 않음을 여러 자료를 통해 확인이 가능하다. 1980년에 구로·구미 공단의 여성 노동자를 대상으로 한 여성유권자연맹의 조사는 부분적으로 가족 생계를 보조하는 여성 노동자가 전체의 52.9%에 달하고 있음을 밝히고 있다.[6] 오히려 미혼여성 노동자들보다 미혼의 남성 노동자들이 가족 생계에 대한 부담이 더 적음을 지적하는 연구도 있다.[7] 또한 1987년 이후 중공업 중심의 기혼남성 노동자들의 노동운동 참여는 가족 생계에 대한 부담이 적어서일까?

---

5 신인령, 「한국의 여성노동문제」, 『한국자본주의와 노동문제』, 서울 : 돌베개, 1985, 387쪽.
6 한국여성유권자연맹, 『여성근로자 실태조사 보고서 – 구미·구로공단을 중심으로』, 1980, 56쪽.
7 정현백, 앞의 책, 433쪽.

제1장 여성 노동자의 '경험'으로 새로 보기

결코 그렇지 않다. 가족 부양의 의무를 지고 있기 때문에 운동에 더욱 적극적으로 참여하는 경우도 있다. 결국, 가족 부양의 짐이 노동운동에 참여하거나 참여하지 않는 이유가 될 수 없음을 알 수 있다. 다만 이러한 조건이 다른 여타의 조건들과 엇물리면서 나타나는 관계들의 성격을 밝히는 것이 중요할 것이다.

이러한 입장은 자연스럽게 남성 노동자들에 비해 여성 노동자들에게는 혼인이라는 도피처가 있었기 때문에 조직 운동이 활성화되었다는 설명으로 이어진다. 이러한 평가는 상당히 일반화되어 1970년대 미혼여성 노동운동의 성과를 결혼이라는 도피처가 있다는 사실에서 찾음으로써 그 한계를 지적하는 데도 역시 똑같은 이유로 설명한다. 이러한 논리는 여성들의 사회적 참여의 의미를 축소시키는 기제로 작용하였으며, 여성 노동운동의 근본적인 한계를 암시하는 이데올로기를 유포시키고 있다.

노동운동에 뛰어드는 순간에 있는 여성 노동자들은 자신들의 미래 문제와 관련하여 그리 계산적이지도 못하고 또 앞으로 어찌 될 것인가에 대한 확실한 청사진을 가지고 있지도 못했다. 결국 여성 노동운동의 활성화를 미혼이라는 특성에서 찾는 것은 문제를 지나치게 단순화시키는 것이며, 자본이 여성 노동력을 선호하는 이유 중의 하나가 여성 노동력의 순종성에 있다는 기존 통념과도 모순되는 것이다.

이러한 전제는 여성 노동자를 계급의식 확보의 근본적 한계를 지닌 존재로 취급하는 태도와 연결된다. 1970년대 노동운동을 반성하면서 몇몇 연구들은 대부분의 민주노조가 경공업의 여성 노동자들을 조합원으로 결성·운영되었으며, 민주노조로서의 역량을 다른 사업장 및 노조를 위해 적극적으로 투입함으로써 민주노조 운동을 확산시키려는 노력에 철저하지 못했다고 한다. 이러한 결과로 자본의 유기적 구성도가 높은 중화학공업의 남성 노동자에게로 민주노조의 기반이 확산되지 못함에 따라 운동의 양적 확대뿐 아니라 질적 발전에서도 저해하는 요인이 되었다고 평가한다.[8] 이러한 논의는 여성 노동자들의 결혼에 의한 단기 노동력은 계급적 의식의 초보 단계인 자기 정체성 확인의 수준에 대해서 이미 심각한 제약을 가하고 있다[9]는 주장과 같은 맥락에 있다.

그러나 이것은 다른 각도에서 조명되어야 한다. 여성에 대해 사회적으로 퍼부어지는 비주체적 이데올로기 공세 등으로 대부분의 여성 노동자들이 의존적 삶의 방식에 길들여져 있으며 의식화의 기회가 남성 노동자들보다 더 차단되어 있음을 감안할 때, 여성 노동자들이 보여준 단결력과 투쟁성은 그만큼 더

---

8 김인동, 「70년대 민주노조 운동의 전개와 평가」, 김금수·박현채 편, 『한국 노동운동론』, 서울 : 미래사, 172쪽; 최병수, 앞의 책, 203쪽.
9 임영일, 「노동자의 존재조건과 의식」, 『한국 자본주의와 노동문제』, 서울 : 돌베개, 1985, 236쪽.

　　　　　　　　　　제1장 여성 노동자의 '경험'으로 새로 보기

주체적이고 진보적이라고 할 수 있다. 그럼에도 불구하고 70년대 민주노조 운동의 주체였던 여성 노동자들의 상당수가 결혼후 가정에 안주함으로써 노동운동을 이탈하게 되고, 그 결과로 운동의 경험이 전수되지 못함으로써 노동운동에 상당한 역량 손실로 나타났다.[10] 그러나 이러한 결과를 개인 여성의 문제로 치부해버린다면 문제를 잘못 진단하는 것이다.

산업구조의 변화와 그 당시 결혼 후에도 노동을 계속할 수 있는 사회적 조건이 전혀 형성되지 않았다는 사실과 전체 노동운동 내에서 여성 노동자들의 문제와 해결을 위한 조직이 부재하였다는 점 등에서 그 이유를 찾아야 한다. 1970년대 노동운동의 한계를 지적하는 수많은 글에서 여성들의 단기 노동력 특성을 극복하기 위한 대안은 찾아볼 수가 없다는 사실은 안타까운 일이다. 중화학공업 부문의 남성 노동자 중심 운동만이 운동의 질적 비약을 가져다주리라는 믿음이 암암리에 내포되어 있을 뿐이다. 이러한 시각은 여성 노동운동에 대한 회의 내지 여성 노동운동을 부차적인 것으로 치부해버릴 근거로 제공되었다.

---

10 김지수, 「한국 여성 노동운동의 현황과 과제」, 여성사연구회 편, 『여성 2』, 서울 : 창작사, 1988, 310~311쪽.

3 구술생애사로 여성의 '경험' 다시 보기

1970년대 여성 노동운동을 평가하는 대부분의 연구물들은 구체적인 사례 분석에 기초한 평가라기보다는 기존의 통념에 근거하고 있다. 즉, 객관적인 생산 관계의 위치로부터 직접적으로 노동자들의 집단행동을 설명한다.

노동운동에 대한 이러한 경제주의적 접근의 한계를 넘어서는 새로운 방법은 없는가? 에이드리언 리치는 여성의 경험을 눈에 띄게 만들고 '그 경험을 통해서 지식을 재해석'하는 과학과 학문은 '가장 중요한 사고의 과업'이라고 말한 바 있다.[11] 여성의

----

11 바바라 뒤 부아, 「열정적인 학문 : 여성 해방주의 사회과학에 있어서의 가치, 인식과 방법에 관한 소고」, 1983; G. 볼스 · R.D. 클레인 편, 『여성학의 이론』, 정금자 역, 서울 : 을유문화사, 1986, 151쪽.

제1장 여성 노동자의 '경험'으로 새로 보기

경험으로 새롭게 보면 지금까지 부정되고 가리어졌던 문제들이 더 명료해질 것이라는 믿음과 그로 인한 경험의 회복이 이루어질 것이라고 한다.

특히 여성 노동운동의 역사를 재구성하는 데 있어서 젠더라는 기준으로 여성 노동자의 경험을 분석하려는 노력은 대단히 중요하다. 여성들은 그들 자신의 독특한 삶의 경험에 뿌리를 두고 있으며 이로 인해 조직화 과정 역시 다른 조건에서 이루어지며 조직 유형과 기술도 남성과는 다르기 때문이다. 1970년대 여성 노동운동이 활성화된 조건을 파악하는 데 있어 외부에서 그 자료를 모으는 접근 방식을 거부하고 여성들의 목소리로부터 그 답을 얻어야 한다. 70년대 여성 노동자들의 성장 배경과 가족관계는 그녀들의 정서를 형성하는 데 어떤 영향을 끼쳤는가, 산업화 과정이 여성에게 어떤 의미로 해석되는가, 그들의 기대와 희망의 내용은 무엇이었나, 도시 생활의 적응 과정은 어떻게 이루어졌는가, 공장에서의 노동이 이들에게 어떤 의미로 이해되는가, 집단문화가 그들에게 무엇을 약속해주었는가, 집단행동으로 나아갈 수밖에 없었던 이유는 무엇이었는가, 이 과정에서 무엇이 변화되었는가.

이러한 수많은 의문에 대한 답을 '어떻게' 찾아갈 것인가는 매우 중요한 문제이다. 여성 노동자의 삶에 뿌리를 둔 경험에 대한 이해로부터 노동운동이 활성화된 역사적 조건을 찾는 과정은 개인의 삶과 역사적 과정을 연결시키는 문제이다. 한 개인의 삶과 한 사회의 역사는 결국 이 두 가지를 한꺼번에 이해하지 않고서는 어느 것 하나도 이해될 수 없는 것이라는 밀즈[12]의 주장은 사적인 문제와 공적인 문제, 개인과 역사 간의 높은 벽을 허물고 이 둘 간의 상호작용에 관심을 돌리도록 해준다. 즉 사회학적 상상력은 우리들로 하여금 역사와 개인의 일생, 그리고 사회라는 테두리 속에서 이루어지는 양자 간의 관계를 파악할 수 있도록 해주며, 어떠한 사회연구도 개인의 일생과 역사 그리고 이 둘의 사회 내에서의 교차문제에 이르지 않고서는 그 지적 여정을 끝냈다고 할 수 없다고 한다.

이러한 관점에 적합한 연구기법의 하나로 선택한 것이 구술사(oral history)이다. 구술사는 기존의 역사 연구 방법이 의존하고 있는 남아 있는 기록을 중시하지 않고, 오히려 기록되지 않은 개인들의 구술 기록이나 자서전 등을 중시하고 있다. 기존의 역사학이 근거하고 있는 공식적인 기록만을 강조하는 입장에 대해서 역사 속에서 삶을 살아가는 일상적인 사람들의 인식이 박물관이나 도서관에 보관된 기록들보다 덜 중요하지 않다는 입장을 보이고 있다. 구술사의 방법론적인 우수성은 기억 속으로 묻혀버린 질적인 사회 인식과 사건들의 해석을 사건의 경험자들이나 사건에 관여했던 사람들의 목소리를 바탕으로 재구성

---

12 C.W. 밀즈, 『사회학적 상상력』, 강희경·이해찬 역, 서울 : 기린원, 1992.

제1장 여성 노동자의 '경험'으로 새로 보기

한다는 점이다. 이는 단편적으로 남아 있는 문자화된 기록보다 훨씬 풍부한 역사적 실체의 단면들을 밝히는 데 도움을 줄 수 있다.

특히 여성의 경험에 대한 접근에 있어서 구술사 인터뷰는 더욱 유용한 의미를 가진다. 사회적 변화의 원인은 항상 여성의 경험보다 남성의 그것에 반영된 용어로 묘사되어왔기 때문이다. 개인적이라기보다는 집단적, 제도적 압력, 추상적 이데올로기의 논리, 경제 · 정치를 통한 활동, 노동조합 또는 사회 압력단체를 중심으로 이루어졌다.[13] 이러한 것들이 변화의 주요 요인이라는 것은 분명하지만 그것을 넘어서 사회적 · 경제적 조직의 더 깊은 모순들이 있다. 폴 톰슨은 보통 경제는 주어진 것으로 파악하지만 노동력 재생산은 가족에 근거를 두고 있기 때문에 가족 이데올로기와 구조의 변화는 전반적인 경제 · 사회 발전을 비판적으로 분석하는 데 필요하다고 한다. 경제 제도, 기술, 자원이 남성과 여성의 삶에서 강제적으로 작동되는 것은 확실하지만 경제는 사회적 창조물이고 이것을 만드는 부분이 가족 내에서 이루어지기 때문에 가족, 이데올로기 그리고 경제 간의 관계는 분리될 수 없다고 지적한다.

---

13 Paul Thompson, "Life Histories and the Analysis of Social Change", D. Bertaux(ed.), *Biography and Society*, U.S.A: International Sociological Association, 1981, p.298.

1970년대 여성 노동자들이 어떠한 과정을 통해서 운동에 참여하게 되었는지 알기 위해서는 그녀들의 경험세계로 들어가야 한다. 여기서 경험세계는 공통 경험과 공통 이해가 형성되는 공장을 중심으로 한 생산 활동뿐만 아니라 주거 공간, 여가 형태 등을 포함해야 한다. 밀크만[14]은 여성 노동자들의 조직화와 그들의 지위에서 중요한 변화가 가능했던 구체적인 사회적 조건에 대한 연구를 함에 있어서 노동자들의 이해의 공식적 · 제도적 표현과 노동계급의 일상생활 양자 모두를 균형 있게 고찰하기를 요구하였다. 특히 여성 노동자의 경험은 가족과의 관계를 통해 형성되는 부분이 많기 때문에 일상생활의 영역까지 연구의 범위를 확대시키는 것은 반드시 필요하다고 생각한다.

　　경험세계에 대한 접근은 각 개인의 생애사에 초점을 맞추었다. 이러한 방법을 선택하게 된 이유는 노동자들이 단지 산업화의 산물로만 그려지고 있는 기존 설명 방식에 대한 비판에서 출발하였다. 노동자들에게 산업화 과정은 노동자가 되기 전에 형성된 삶의 맥락에 따라서 산업화 과정이 각 개인에게 해석되는 방식이 다르다고 보았다. 따라서 여성 노동자들이 처해 있는 조건뿐만 아니라 그 속에서 그들이 경험하는 바가 무엇인가 하는 주관적 측면이 매우 중요한 것이다. 이러한 접근 방법

---

14 Ruth Milkman, "Wage-Earning Women; Rising Women"(Book Review), *Insurgent Siciologist*, Fall, Vol.11. No.3, 1982.

은 더블린의 글[15]에서 잘 보여진다. 그는 1826년부터 1860년까지 미국 로웰 지방의 한 섬유회사에 대한 연구를 통해서 노동력의 변화와 노동의 변화가 노동자들의 저항을 쇠퇴시켰던 주요한 요인이라고 설명한다. 즉, 초기 산업화 과정에서 여성 노동력의 특징은 친밀한 공동체에 기초하고 있음을 설명하고 이에 기반한 여성들의 연대는 이후 집단적인 저항을 증대시키는 데 중요한 부분이었음을 지적한다. 하지만 1836년부터 1850년까지 새로운 노동력이 형성되면서 이민 노동력에 의한 노동력의 이질성이 증가하고 이에 따른 주거 공간의 변화, 공동체 생활의 변화에 의해 노동자들 간의 연대는 약화되었다고 설명한다. 더블린의 글은 미국의 제1세대 여성 노동자에 대한 연구라는 점에서 본 연구에 필요한 많은 시사점을 제시해주었으며, 특히 여성 노동자의 사회적 기원이 이후 도시 노동자로의 경험을 이해하는 데 중요한 부분이라는 것을 인식하도록 도와준다.

이러한 문제의식에 기반하여 이 책에서는 1970년대 여성 노동자들의 구술생애사를 통해서 공통의 이해가 공유되는 조건을 시간의 흐름과 공간에 따라서 살펴본다. 이에 기초하여 밝히고자 하는 문제는 다음과 같다.

첫째, 여성 노동자의 어린 시절 삶의 경험이 이후 노동자로의

---

15 Thomas Dublin, *Women at Work*, New York: Columbia University Press, 1979.

정체감을 형성하는 데 어떤 영향을 미쳤는가? 특히 그녀들이 딸로서 느꼈던 젠더 차별의 경험이 노동운동에 참여하게 되는 과정과 어떻게 연결되었는가? 이 문제 제기는 여성 노동자들의 '동질화'를 산업화 과정의 산물로 다루려는 기존 시각에 대한 비판을 포함한다. 여성 노동자들은 가부장적 가족 구조 속에서의 독특한 삶의 경험에 뿌리를 두고 있으며, 이러한 경험은 산업 노동자로서의 경험을 이해하는 데 핵심 고리임을 밝히고자 한다. 1970년대 여성 노동자들은 대부분 농촌이라는 출신 배경을 가지고 있는데, 이러한 독특한 삶의 경험에 기반한 여성들의 삶의 유형은 산업 노동자로의 변화 과정에 지속적인 영향을 미쳤으며, 노동운동에의 참여는 작업장에서 발생하는 차별에 대한 자각뿐만이 아니라 그 이전부터 만들어진 차별 구조 속에서 축적된 경험과 결합되어 있다는 것을 밝히고자 한다.

둘째, 여성 노동자로서 공통의 경험과 이해관계가 형성되는 과정을 생산의 영역과 일상생활의 영역을 중심으로 살펴보고자 한다. 생산기술의 특성 및 노동 과정을 보면, 기계에 의한 자동화가 완전히 전 공정에서 이루어지지 않고 있으며 공정 사이에 수작업의 틈이 남아 있었다. 이러한 구조적 조건에 기반하여 훈련 과정을 통해 형성된 여성 노동자들 간의 연대와 저항 전략은 무엇이었는지 살펴본다. 이와 함께 기숙사를 중심으로 한 집단 생활은 여성 노동자들의 단결력을 증진시키는 원천이 되었다. 기숙사는 의사 전달 체계이기도 하고, 회의 공간이기도 하며,

배움의 공간이기도 하였다. 이 두 영역에서 조직화의 장애 요인 및 그것을 극복해가는 과정과 조건을 살펴보고자 한다.

셋째, 위의 경험과 이해관계에 입각하여 행동으로 나가는 데 요구되는 조직화 방식은 무엇이었으며, 집단행동의 경험 속에서 여성 노동자들은 무엇을 느꼈는가를 살펴보고자 한다. 공식 조직을 중심으로 한 비공식 조직의 활성화는 어떻게 가능했는지, 또한 다양한 형태의 투쟁 경험 축적이 어떻게 여성 노동자들의 의식을 증진시키는 조건이 되었는지 살펴본다.

이러한 문제의식에 대한 답을 찾기 위해서 1970년대 여성 노동자들이 집중되어 있었던 섬유업에 종사했던 여성들을 만나 생애사(life history)를 중심으로 한 구술사 인터뷰를 하였다. 70년대 민주노조의 대표적인 사례로 꼽히고 있는 동일방직, 반도상사, YH무역, 원풍모방 등에서 핵심적으로 일해온 노동조합 간부들과 일반 조합원을 구분하여 각자가 겪은 다양한 경험을 살펴보았다.

위의 사업장은 모두 여성 중심의 사업장으로 여성 노동자가 전체의 90% 이상을 차지하고 있으며 이들은 대부분 초등학교나 중학교 정도의 학력 수준을 가지고 있다. 또한 모두 대기업 사업장으로 1,000명 이상의 고용 규모를 지니며, 노동자들은 농촌에서 올라온 여성으로 기숙사에서 기거하는 경우가 많았다. 이 사례들은 모두 70년대 민주노조 결성에 성공한 사례이며, 개별 사업장 내에서 조합원의 경제적 생활조건의 개선을

[표 1] 연구 참여자의 일반적 특성

사례번호	출신지	부모의 직업	학력	서울에 온 연도	입사 연도	입사 당시 나이	노동조합에서의 지위
1	충남	농사	국졸	66	66	19	기숙사 자치회 회장
2	충북	농사	고졸	70	70	28	조합장
3	전북	농사	국졸	69	72	17	부조합장
4	강원도	농사	국졸	70	74	19	대의원
5	전북	농사	중졸	74	74	17	조합장
6	충남	농사	국졸	76	76	14	대의원
7	전남	농사	국졸	72	76	19	대의원
8	경남	농사	국졸	79	79	19	
9	인천	잡업	국졸	66	66	19	지부장
10	전북	농사	중졸	73	75	21	
11	충북	농사	국졸	69	75	20	
12	전북	농사	국졸	77	77	19	
13	경북	농사	국졸	70	72	19	지부장
14	충남	농사	중졸	65	67	19	
15	인천	잡업	중졸	70	70	19	지부장
16	경북	농사	국졸	70	73	18	사무장
17	강원도	농사	국졸	69	69	19	지부장
18	경기도	농사	국졸	75	75	15	
19	인천	잡업	중졸	73	73	19	
20	영등포 산업선교 목사						

※ 국졸은 현재 초등학교 졸업을 의미함.
※ 여성 노동자 세 명의 자서전 참조. 석정남, 『공장의 불빛』, 1984; 장남수, 『빼앗긴 일터』, 1984; 정명자, 「1분에 140보 뛰고 일당 870원」, 1989.

위해 지속적 · 조직적 · 단계적인 경제 투쟁을 전개하여 조합원의 경제적 이익을 실질적으로 향상시키는 데 성공하였다. 이러한 과정은 조합 내 민주주의를 유지, 발전시켜 나가는 과정과 일치하며, 모든 결정은 조합원들의 토론과 심의를 거쳐 이루어지기 때문에 노동조합은 민주주의의 훈련의 장으로 기능하였다.

제2장

산업화 과정과 여성 노동자

1 정부 주도의 수출지향적 공업화

한국의 산업화는 1952년 이래 제1 · 2차 경제개발 5개년 계획에 기반하여 정부의 적극적인 개입에 의해 추진되었다. 1966년에 수립된 제2차 경제개발 5개년 계획안(1967~1971)[1]을 살펴보면 산업화의 방향은 수출 증대에 있었다. 수출 증대야말로 제1차 계획 이래 한국 경제정책의 중심 목표가 된 것이다. 이러한 공업화의 결과로 1971년부터 1979년까지 연평균 GNP 성장률은 9.8%를 유지해왔으며, 같은 기간 광공업 부문의 생산 실적

---

1 『제2차 경제개발 5개년 계획』(1966), 대한민국정부. 이 자료에 의하면 "수출 증대를 통한 공업화의 추진은 우리 경제의 불가피한 진로"로 규정하고 있다. 제1차 계획 기간 중 이룩한 가장 두드러진 발전이 수출에 선도된 공업화의 추진이었기 때문에 이후의 경제개발은 수출 상품을 다양화하고 국제경쟁력을 강화하는 방향으로 모아진다.

은 17%라는 높은 성장률을 기록하였다.[2] 1962년에는 미화 5천 480만 달러이던 총 수출액이 1978년에는 120억 달러를 넘어서게 되었다.[3] 이러한 산업화 과정에서 수출산업의 육성에 제 자원을 집중시킴으로써 산업구조가 수출산업을 중심으로 재편성되었는데, 1965~1972년 수출 상품은 주로 경공업 제품을 중심으로 구성되었다. 1962년 수출 상품의 20.3%였던 경공업 제품의 비중이 1971년에는 72.9%로 현저히 높아졌다.[4] 경공업 제품은 주로 섬유제품, 합판, 신발류, 가발류 및 전기기기류 등 노동집약적인 성격을 띤 것들이다. 이러한 수출주도형 경제는 외국으로부터의 원조와 차관에 의해 건설된 것이 특징으로서, 이러한 국내 자본의 빈약은 결국 경제적 의존에의 방향으로 나아가게 만들었다. 산업화의 방향이 수출 위주로 정해지면서 국내의 시장은 극도로 위축되어 저임금정책으로 일관하는 결과를 초래하였다. 즉, 한국 상품이 해외시장에서 경쟁력을 확보하

---

2 GNP 성장률과 광공업 부문의 생산 실적   (단위 : %)

	1971	1972	1973	1974	1975	1976	1977	1978	1979	평균
GNP	9.4	5.8	14.9	8.0	7.1	15.1	10.3	11.6	6.4	9.8
광공업	17.3	12.9	28.6	15.2	12.6	21.5	14.3	20.0	9.4	16.9

「경제통계연보」(각 연도), 한국은행.

3 수출액   (단위 : 100만 달러)

	1962	1965	1970	1974	1978	1980
수출액	54.8	175.6	882.3	4,515.1	12,710.6	17,211.6

「주요경제연감」(각 연도), 경제기획원

4 「무역통계연보」(1972), 관세청.

기 위한 주된 요인이 저임금이었다는 것이다. 정부의 지원에도 불구하고 공업국으로서의 한국에서 생산된 공업제품이 세계 시장에서 선진국과 경쟁하기는 쉽지 않다. 결국 제한된 시장에서 품질 면에서는 약간 뒤떨어지더라도 가격을 낮추어 판매함으로써 판로를 확대할 수밖에 없었다. 그리고 한국은 원자재를 수입하고, 그것을 가공하여 수출하므로 결국 가공 비용을 낮출 수밖에 없었다. 그리하여 저임금 구조가 형성되기에 이른다.[5]

이러한 산업화로 인해서 전국의 산업구조뿐만 아니라 고용구조도 커다란 변화를 겪게 되었다. 1963년부터 1979년 사이에 전체 고용인구에 대한 제조업 부문 고용인구의 비율이 8%에서 22.9%로 비약적으로 상승함으로써 1970년대 후반에는 1960년대 초의 약 5배에 달하는 300만 명 이상의 노동력이 창출되었다. 특히 원료 수입-가공 수출의 구조를 지니는 공산품 중심의 수출지향적 공업화는 농업 부문을 해체시키고 생산 과정을 자본제적으로 재조직하여 새로운 노동력 수요를 창출함으로써 다수의 여성들을 노동시장에 끌어들였다. 그 결과 1960~1980년 경제활동 참가율 및 취업자 수의 추이를 보면 여성의 경제활동 참가율은 31.2%에서 41.6%로, 취업자 수는 200만 명에서 460여만 명으로 약 2.3배 증가하였다.[6] 이 중 수출지향적 경

---

5 미키오 스미야, 『한국의 경제』, 서울 : 한울, 1983, 180쪽.
6 신경아, 「한국의 수출지향적 공업화와 노동운동」, 서울대학교 대학

공업 부문 여성의 고용은 크게 늘었다. 이 고용구조에서 특징적인 것은 기업의 고용 규모가 크면 클수록 여성 노동자의 비율도 역시 높다는 것이다. 일반적으로 볼 때 이것은 수출지향적 산업에 치중하는 대기업들은 보다 안정적이고 값싼 노동력으로서 여성 노동자를 선호한다는 사실을 잘 반영한다. 이 기업들은 현대적 기술의 도입과 함께 단순화 내지 표준화된 작업 공정에서 일할 막대한 수의 반숙련 혹은 미숙련 저임금 노동력, 즉 여성 노동자들을 점점 더 많이 필요로 하게 되었다.[7]

그렇다면 이러한 노동력이 어디에서 공급되는 것인가? 1960~70년대 도시인구의 성장 추이를 살펴보면 전체 인구 중 도시(32개 시 지역)가 점하는 비율은 1960년의 29.9%에서 1970년에는 41.2%로 늘었고 75년에는 48%로 늘었다. 특히 서울은 폭발적인 인구 증가를 보였다. 1960~70년 사이에는 연평균 9.4%로 급성장하여, 전체 도시인구 증가의 53%나 차지했다. 결국 산업화는 도시화 과정을 동반하였는데 인구 이동은 서울로의 이동을 중심으로 이루어졌다고 볼 수 있다. 이동 인구의 특징 중 가장 뚜렷하게 나타나는 현상은 20~30세를 전후한 젊은이들이 그 주류가 되었다는 것이며, 농촌에서 도시로 이동한 인구 중 이 연령층이 50%를 차지하였다. 특히, 농촌에서 서울로

원 사회학과 석사학위 논문, 1985, 36쪽.

7 최장집, 『한국의 노동운동과 국가』, 서울 : 열음사, 1989, 67쪽.

이동하는 인구는 모든 이동 형태 중에서 가장 나이가 어린 층으로 구성되어 있는데, 15~19세 연령층이 거의 22%나 차지했고, 10세부터 24세의 여자들이 지배적인 것으로 나타난다.[8]

수출산업의 고도성장은 서울을 중심으로 한 도시화를 촉진하였고 동시에 농촌의 궁핍화를 진행시켰기 때문에 농촌은 수출지향적 산업화에 투입될 노동력의 '무제한 공급' 기지 역할을 하였던 것이다. 경제개발 정책은 농민을 사실상 수출 부문에 종속시켜 이를 보조하도록 함으로써 자작농의 하향 분해를 가속화하고 농민 계층의 밑으로부터 분해를 촉진하였다. 빈곤한 농민들과 그 자녀들은 과잉 노동력 상태의 농촌 지역을 떠나 도시로 이주하지 않을 수 없었다. 경제정책 입안자들과 기술관료들은 이 막대한 잉여 노동력을 수출산업의 촉진을 위한 '비교우위'의 요소로서 파악하였다. 또한 기업가들도 '산업화의 흡인'보다는 오히려 '농촌으로부터의 방출'에 의해 생겨난, 따라서 저임금 노동 부문에 이용될 수 있거나 언제라도 끌어다 쓸 수 있는 이 과잉 공급된 노동력을 한껏 이용할 수 있었다.[9]

---

8 유의영, 「인구이동과 도시화」, 서울대학교 사회과학대학 인구및발전문제연구소 편, 『한국사회 : 인구와 발전』, 서울 : 고려서적, 1978, 95~145쪽.
9 최장집, 앞의 책, 57쪽.

2 섬유산업의 성장

　이렇게 방출된 여성 노동력은 수출 전략 산업으로 등장한 섬유, 전자, 신발 산업에 집중하게 되는데, 1963년 제조업 여성 취업자 수 중 59.1%가 섬유·의복 및 가죽 공업에 종사했던 것이[10] 1971년에 오면 섬유·의복산업이 53.7%를 차지하게 된다.[11] 이 산업에서의 여성 점유 비율을 살펴보면 1963년에는 67.9%에서 1971년에는 69.7%로, 섬유산업은 '여성산업'의 상징으로 인식되었다.

　제조업에서 섬유산업의 비중을 살펴보면 아래와 같다.

---

10 『광공업센서스 보고서』(1963), 경제기획원.
11 『직종별 임금실태조사 보고서』(1971), 노동부.

　　　　　　　　　　　　제2장 산업화 과정과 여성 노동자

[표 2] 섬유업의 산업상 위치[12]

연도	부가가치(10억 원, 1975년 불변가격)			고용(천 명)		
	제조업(I)	섬유(II)	II / I (%)	제조업(I)	섬유(II)	II / I (%)
1972	1,538	279	18.1	1,445	350	24.2
1976	2,590	505	19.5	2,205	508	23.0
1978	4,818	720	14.9	3,126	756	24.2

섬유산업은 1970년대 수출 전략 산업으로 등장하여 1975년
에는 전 제조업 부가가치 생산 중 19.5%를 차지하였고 1979
년에는 14.9%로 점차 줄어드는 추세를 보이고 있으나 고용은
1979년에 전 제조업의 24.2%로 국가 주요 산업으로 발전하였
다. 수출액의 추이를 살펴보면 다음과 같다.

[표 3] 섬유류 수출의 구성비[13]

(단위 : 100만 달러)

연도	전 상품(I)	섬유류 (II)	II / I (%)
1972	1,807	707	39.1
1976	8,115	2,704	33.8
1978	12,711	3,982	31.3

---

12 『수출통계』(각 연도), 상공부.
13 『한국통계연보』(각 연도), 경제기획원.

1972년 섬유류 수출이 총 수출액에서 차지하는 비율은 39.1%까지 올라갔으며 이후에도 30%를 넘어, 섬유산업이 수출 주도형이었음을 알 수 있다.

이러한 추이는 사례로 선정한 기업들의 발전 과정을 살펴보면 좀 더 구체적으로 드러난다. 4장부터 사례로 분석될 원풍모방의 성장 추이를 살펴보자. 원풍모방의 전신인 한국모방의 수출액을 살펴보면 다음과 같다.

[표 4] 한국모방의 수출액[14]

(단위 : 1,000달러)

구분	1969	1970	1971	1972	1973.1~7
스웨터	4,262.4	1,979.3	2,417.2	2,866.8	1,170.9
합섬사	716.3	1,186.6	1,503.3	1,984.5	922.5
소모사	97.6	61.6	149.1	1,450.1	672.1
복 지	89.0	10.2	60.8	329.9	245.3
계	5,165.5	3,281.6	4,169.0	6,651.6	3,204.2

[표 4]에 의하면 회사의 수출액은 1970년을 고비로 매년 급격하게 늘어나고 있다. 이와 같이 수출정책에 힘입은 섬유산업은

---

14 원풍모방 해고 노동자 복지투쟁위원회, 『민주노조 10년』, 서울 : 풀빛 출판사, 1988, 77쪽.

제2장 산업화 과정과 여성 노동자

최대의 호황을 누렸고 이에 따라 고용 규모 역시 급속한 성장을 하게 되었다. 1965년에 생산직이 624명이었는데 1972년에는 1,000명을 넘었으며 1973년에는 약 1,500명, 1974년에는 약 2,000명에 달했다.

그렇다면 이러한 성장의 결과가 노동자들에게 얼마나 돌아 갔는가? 1972년에 12시간 교대 근무하는 기능공 평균 일당이 321원 수준이었으니까 월급이 만 원 정도였다. 통계에 의하면 당시 광공업 상용 종업원의 월평균 임금 총액이 19,791원[15]이 니, 타 업종에 비해서 월등히 낮은 임금을 받고 있었음을 추론할 수 있다. 섬유업 내에서도 모방·화섬의 임금은 8시간 기준 월평균 12,250원[16]으로 동업종 중에서도 훨씬 낮음을 짐작할 수 있다. 그렇다고 원풍모방만 저임금을 받고 있는 것은 아니다. 1970년대 노동자 상태를 연구한 많은 연구에서 공통적으로 지적하고 있는 사실은 저임금이다. 각종 임금 통계와 도시 근로 자 최저생계비를 서로 비교해볼 때 우리나라 노동자들이 생계를 영위해 나가는 것이 기적과도 같다는 지적도 있다. 이러한 저임금의 특징을 가진 가운데에서도 여성들의 임금은 남성의 절반에도 못 미치고 있으며 노동시간은 남자보다 길다.

그러나 이러한 조건에도 불구하고 수요는 공급을 따라가지

---

15 『매월 노동통계조사 보고서1973』(1971), 노동부.
16 『사업보고』(1973), 전국노동조합총연맹.

못했다. 17세에 반도상사를 들어갔던 한 여성 노동자의 이야기를 들어보자.

> 그 당시 방직공장에 들어가려면 그 회사 관리자 집에서 식모살이를 일 년간 해야 들어갈 수 있었어요. 반도상사에 1기로 들어갔는데 그 당시 30명을 뽑는데 500명이 왔어요. 그래서 우리가 이야기하기로는 반도대학이라고 그랬어요. 들어가기가 어려웠어요. 한마디로 이야기해서 일자리가 없었다는 이야기죠. 필요한 인원은 적은데 일하고자 하는 인원은 많으니까 면접을 봤어요, 많이 떨어뜨려야 하니까 면접을 하는데 '취미가 뭐야?' 그러면 '노래예요'라고 대답하면 노래를 부르라고 하고 그동안 다음 사람 면접을 하고 그랬지. 그만큼 취직하기가 어려웠어요. 〈사례 14〉

〈사례 14〉의 노동자는 1967년에 입사하였는데 일자리가 없었다고 이야기를 한다. 하지만 당시의 실업률을 살펴보면 이러한 사실과는 다름을 알 수 있다. 다음 [표 5]에 의하면 남자나 여자나 실업률이 점점 낮아지고 있다. 특히 여자의 경우는 1972년에 2.5%라는 아주 낮은 수치를 보이고 있다. 그렇다면 어떤 주장이 더 옳은 것인가?

제2장 산업화 과정과 여성 노동자

[표 5] 실업률[17]

(단위 : %)

	전국			비농가		
	총수	남자	여자	총수	남자	여자
1963	8.2	8.7	7.2	16.4	16.5	16.3
1967	6.2	6.6	5.4	11.1	11.1	11.0
1972	4.5	5.6	2.5	7.5	8.8	4.6

〈사례 14〉의 이야기나 [표 5]의 통계에서 암시하고 있는 것이나 모두 사실이다. 면접사례표 [표 1]를 자세히 들여다보면 대부분의 여성 노동자들이 서울에 온 연도와 사례로 선정한 기업에 입사한 연도가 차이가 있다. 보통 2년에서 4년 정도의 간격이 보인다. 이 기간 동안에 대부분의 여성 노동자들은 소규모 영세기업에 취직하거나 식모살이를 하였던 경험을 이야기하고 있다. 사례로 선정한 기업들은 모두 1,000명이 넘는 대기업으로 주위의 기업에 비해서 임금이나 시설이 좋다고 소문이 나 있는 곳이다. 따라서 대기업에 취직하기 위해서는 경쟁이 치열했던 것이다.

대부분의 여성 노동자들은 회사의 관리자나 반장 또는 아는 사람이 있어야만 수월하게 취직이 되었다. 〈사례 14〉의 노동자도 역시 동네 부녀부장의 추천을 받은 특별 케이스로 들어가게

---

17 『경제활동인구연보』(1973), 경제기획원.

되었다. 원풍모방에서 일했던 〈사례 4〉의 노동자는 다른 모방 회사에 다녔던 경험이 있었는데, 입사 과정을 보면 모집 기간이 될 때까지 몇 달 동안 미싱 기술을 배운 뒤 입사에 지원했는데 키가 작다는 이유로 떨어졌다. 그런데 그 회사에 아는 사람이 있어서 그 당시 한 달 월급인 5천 원을 주고 들어간 경험이 있다고 하였다. 동일방직의 한 여성 노동자 역시 한 달을 기다린 후에야 공장에 들어갈 수 있었다.

> 아니다 다를까 2월의 모집에서 나는 보기 좋게 미역국을 먹었다. 이렇게 미역국을 먹은 사람은 나만이 아니었다. 월급과 그 밖의 모든 조건이 괜찮은 편이었던 동일방직은 짧은 모집 기간 중 많은 응모자들이 모여들어 제법 경쟁이 치열하였다. 회사 간부 중 누구라도 아는 사람이 있으면 연줄을 통해 쉽게 들어갈 수 있었으나 다음 달까지 마음을 조이며 기다릴 수밖에 없었다.[18]

이렇게 대기업에 취직할 수 있다는 것만으로도 각 개인에게는 행운이었고, 그 행운을 잡지 못한 여성 노동자들은 소규모 영세기업에 취직하거나 식모살이 등 비공식 부문에서 일자리를 구하는 경우가 많았다.

---

18 석정남, 『공장의 불빛』, 서울 : 일월서각, 1984, 12쪽.

3 산업화 과정과 여성 노동자

초기 산업화의 핵심 노동자로 일한 여성 노동자들에게 산업화 과정은 무엇을 약속해주었는가? 주로 빈농의 딸들이 대부분인 이들에게 서울은 돈을 벌 수 있는 기회를 제공해주는 공간으로 이해되었을 것이고, 돈을 번다는 것은 가정에 대한 책임과 함께 독립적인 생활을 할 수 있는 기회가 제공됨을 의미하기도 한다. 그리고 무엇보다도 서울에 대한 동경과 환상은 서울에만 가면 무언가가 보장될 것이라는 막연한 기대감을 갖게 만들기도 한다.

> 그때 서울 그러면 아… 굉장하게 느꼈죠. 그때 심정을 다 말을 못 할 것 같아요. 서울에만 가면 모든 게 이루어지고 마치 목화솜처럼 그렇게 생각을 하고 올라왔어요. 서울에 대한

기대는 그 당시 흑백 텔레비전이 동네에 하나씩 있었는데 그
걸 보니깐 서울은 굉장한 곳이라고 생각을 했죠. 농촌에서는
품앗이라고 돈을 벌 수 있었지만 내 나이에 할 수는 없었고…
구조적으로 서울은 돈을 손에 만질 수 있게 한다는 꿈에 젖어
있었어요.   〈사례 5〉

먼저 서울에 갔던 동네 언니들이 말쑥한 차림으로 고향에 내
려오는 것을 보며 그들은 서울에 대한 동경을 키웠다. 그들에
게 서울은 시골에서 보아왔던 촌스러운 것들을 어느 정도 벗어
날 수 있게 해주는 곳이었을 것이다. 하지만 결정적인 것은 바
로 텔레비전의 역할이다. 1970년대 한국 사회에서 정권의 정당
성 창출 노력은 경제성장 과시와 안보의 강조라는 두 가지 핵
심적 축 아래서 수행되었으며 이 두 가지 요소는 대중문화의
내용에도 깊이 침투되어 뉴스, 홍보, 토론과 같은 직접적인 전
달의 형식으로뿐만 아니라 이것은 드라마, 쇼, 스포츠, 코미디
등의 오락 연예 부문에서도 진행되었다고 할 수 있다. 드라마
의 실내 장면으로는 상류가정의 호화로운 응접실, 의상, 방, 부
엌, 마루 등과 호화로운 경양식집, 회사 사무실, 사장실 등이
많이 등장하였다.[19] 이러한 문화는 자신이 친숙하게 접하고 있

---

19 이옥경, 「70년대 대중문화의 성격」, 한국기독교사회문제연구원 편,
  『한국사회변동연구』, 서울 : 민중사, 1984, 273~274쪽.

는 농촌의 환경과 너무나 다른 별개의 세계로 비추어졌고 새로운 생활 양식에 대한 강한 동경을 불러일으켰다. 그러나 서울에 대한 막연한 환상은 다른 한편으로는 낯선 곳에 가서 적응을 해야 하는 두려움도 동반한다.

15세에 공장 생활을 시작한 〈사례 18〉의 노동자도 낯선 곳에 대한 두려움을 느꼈고 특히 가난에 대한 열등감 때문에 친구들과 어울리는 것조차 힘들었다고 한다. 그리고 막상 접하게 된 공장 생활은 무척이나 어려운 것이었다. 며칠 밤을 타이밍(잠 안 오는 약)을 먹어가며 작업을 해야 하는 경우도 있었고 시다 시절의 서러움도 겪어야 했다. 하지만 이런 조건들을 견딜 수 있게 해주는 희망이 있었다.

> 일을 참 열심히 했어요. 그런데 일을 열심히 할 수 있도록 힘을 준 게 관리 체계도 그렇고 정치적 조건도 그렇고 대망의 80년대라는 말을 참 많이 썼어요. 80년이 되면 노동자들이 잘살게 될 거라고 조회 시간에도 그러고 희망을 참 많이 줬어요. 제가 75년에 공장에 들어가니까 대망의 80년대라는 말을 참 많이 썼어요. 그래서 저는 대망의 80년이 되면 쫙 뻗은 고속도로가 있고 떠오르는 태양, 이런 포스터도 많았는데 그런 태양을 향해서 가는 거다… 대망의 80년을 향해서 손가락이 짤려도, 졸음을 참으면서 80년대에는 이런 게 모두 벗겨지고 우리가 잘살 수 있을 거다, 이렇게 생각을 했어요. 그래서 열심히 일을 했고 80년대가 되면 우리 어머니, 아버지 빚을 다

갚아줄 것이고 잘살 거다라는 소박한 희망을 가졌고, 대망의 80년대가 되면 내가 하고 싶은 공부도 할 수 있을 거고 긴 시간 일하지 않아도 될 거라고 생각을 했죠.　　　　〈사례 18〉

1970년대 산업화 과정은 여성 노동자들의 꿈과 희망을 '조국의 근대화'라는 지상목표 아래 양보하도록 강요받는 과정이었다. '조국 근대화의 역군', '공업화의 기수', '경제건설의 전사'로서 조국 근대화 작업을 성공적으로 완수해야 할 시대적 사명감이 여성 노동자들에게 부여되었다. 수출 신장을 중심으로 한 경제발전이 곧 자주국방과 통일 기반의 조성에 직결된다는 논리는 임금이 적더라도 결코 불만을 표출해서는 안 된다는 분위기를 조성하였다.

이러한 논리는 여성을 가정의 영역과 연결시키려는 것과 상반된다. '조국 근대화'의 중심 세력으로 여성 노동자를 부상시키려는 노력은 70년대 노동청에서 나온 『산업과 노동』에 잘 보여진다. 70년대에 나온 자료의 표지 모델은 현장에서 일하고 있는 여성 노동자이며, 특히 노동사업 강조 기간을 나타내는 포스터의 표지 모델이 여성이었다. 여기서 그려지는 여성은 작업복을 입고 안전모를 쓴 일하는 여성으로서의 이미지가 강조되고 있다. '조국 근대화' 이데올로기의 주 대상이 여성이었으며 이 목표 달성을 위해서 여성의 이미지는 착실한 노동자, 적극적인 노동자, 개인적인 꿈은 양보할 수 있는 노동자로 강조

된다.

그러나 막연한 인내만을 강요하지는 않았다. 대망의 80년대가 올 때까지만 참으면 지금의 어려움들은 모두 보상되리라는 믿음 역시 부여하였던 것이다. '단결과 협동', '근면과 검소'를 중요한 가치로 내세우고 밝은 미래를 위해 지금의 어려움은 인내해야 한다고 강조한다.

> 70년대 중반에 가면, 우리 근로자들은 지금까지 경제건설에 쏟은 '피와 땀'의 대가를 그 누구보다 알차게 지불받게 된다는 것을 나는 전국의 근로자 여러분에게 다짐해두는 바입니다. 정녕 70년대 후반기에는 우리나라 근로자들이 지난 60년대를 통하여 바친 땀과 노력의 대가를 그 누구보다도 알차게 돌려받는 '혜택과 보상'의 시기가 된다는 것을 나는 확신해 마지않습니다. 이러한 밝은 전망과 벅찬 희망이 있기 때문에 우리는 오늘을 좀 더 참자는 것이고 부지런하게 일하자는 것이며, 우리의 정신과 땀을 경제건설에 바치자는 것입니다.[20]

> 조국 근대화의 최전선에서 땀흘려 일하시는 전국의 근로자 여러분! …80년대 초의 100억 불 수출과 1,000불의 국민소득이란 새 목표를 설정했습니다. …그것은 우리가 이상하는 근

---

20 노동청, 『산업과 노동』 제5권 제1호, 1971, 4쪽.

로자의 완전 복지를 중심으로 하는 복지국가를 이룩함에 있어 반드시 정복하고 넘어서야 할 중간고지인 것입니다. …다만 우리가 미래에 누릴 수 있는 풍요를 담보로 하여 오늘 그것을 앞당겨 누리려는 성급함을 억제해야 한다는 것을 말씀드리고 싶은 것입니다.[21]

여성 노동자들이 경험한 것은 서울에 올라오면서 가졌던 꿈과 희망들 - '목화솜과 같은 세계가 펼쳐질 것 같은', '돈을 벌어 동생도 가르치고 송아지도 살 수 있을 것 같은', '못 했던 공부도 다시 할 수 있을 것 같은' - 이 아니었다. 수출의 확대라는 하나의 목표를 위해서 모든 것들은 양보하고, 협동할 것을 강요받았고, 이러한 방향에 의문을 갖는다는 것은 철저한 이기주의적 사고이며 더 나아가 국가안보를 위협하는 것으로 인식되었다. 결국 산업화 과정에서 여성들이 걸었던 기대와 꿈들은 현실 속에서 부서져 나갔다. 그러나 이 과정은 단지 좌절의 경험만으로 점철되지는 않았다. 새로운 문화를 접하고 집단생활을 통해서 무엇이 자신들의 소박한 꿈들을 이루지 못하게 하는지 깨닫게 되는 기회 역시 부여되는 것이다. 이러한 꿈과 좌절의 반복적인 경험은 현실에 대한 자각을 통해서 무서운 힘으로 분출되기도 한다.

---

21 노동청. 『산업과 노동』 제7권 제1호, 1973, 10~11쪽.

4 조직화의 장애 요인들

수출주도형 산업화 전략에 의해서 여성 노동자가 수출 부문 제조업 분야 노동력의 대부분을 차지하고 있다는 것은 잠재적으로 노동조합 운동을 위한 조건이 마련되었음을 의미한다. 그러나 이러한 산업구조의 성격에 의해 구조적으로 운동의 조건이 한계 지어지기도 한다.

첫째, 수출주도형 산업화 전략이 정부 주도에 의해 추진되었다는 사실은 정부가 노동자층에 대한 통제의 상당한 부분을 직접, 혹은 간접적으로 담당해왔다는 것을 말한다.[22]

---

22 박준식, 「한국에 있어서 노동조합과 정부의 관계」, 연세대학교 대학원 사회학과 석사학위 논문, 1985. 이 논문에서는 분단 상황하에서 산업화의 강력한 추진 세력으로서 정부의 역할이 노동조합의 문제

거의 예외 없이 노동조합의 행동을 규제하기 위해서 다양한 법적 장치들이 제정되었다. 유신 시기를 통해 노동운동에 가장 심각한 영향을 미친 법적 장치는 '국가보위에 관한 특별조치법'이다. 이 법의 제9조는 노동조합의 핵심 기능인 단체교섭과 단체행동권을 완전히 규제하고 있다.

이러한 법적 제약 외에도 정부 주도의 경제개발 전략은 두 가지 점에서 노동운동에 영향을 미친다. 우선, 수출 및 정책 산업에 대한 차관 혹은 특혜 금융의 지원은 한편으로는 기업 규모를 과도하게 성장시키지만 다른 한편으로는 경기 침체와 부실 경영 등으로 부실 기업이 속출되는 사태를 야기한다. 기업 부실 경영으로 인한 휴업 또는 폐업 사태는 사업장 수준의 노동자들에게는 가장 공포스러운 상황이다. 종종 이러한 약점을 악용하여 기업은 휴업 및 폐업의 가능성을 공인하고, 생산은 하청기업을 통해 지속하면서 노동운동을 효과적으로 억압한다. 노동조합은 휴폐업 문제에 대해서 의견 불일치로 분열하거나 합리적 절차를 밟아 회사 경영권을 인수하거나(원풍모방의 경우), 가장 극한적인 투쟁을 전개하거나(YH무역의 경우) 하는 여러 양상으로 반응한다. 또한, 정부의 철저한 물가 통제와 그에

에 결정적인 영향을 미쳐왔음을 분석하고 있다. 즉, 정부가 노동자층의 자발적 조직체의 성장을 억제함으로써, 노동자층의 조직적 기반과 참여의 수단은 축소되어 왔다고 지적한다.

따른 임금 인상 억제 정책은 집단적 노사 관계에 있어서 기업 측의 입장을 유리하게 해준다. 물가 통제 정책은 두 차례의 오일 파동과 통화 팽창 정책 및 환율 조정 등으로 무색하게 되고, 일정한 시기가 지나면 물가 현실화 조치가 뒤따르게 됨으로써 그 효과가 거의 나타나지 않지만, 임금 인상 억제 정책은 기업의 지불 능력에 관계없이 언제나 임금 교섭에서 노동조합에 맞서는 기업의 핵심 논리로 작용한다.[23] 이외에도 국가의 노동 통제는 노동자들의 집단행동에 직접적으로 개입하며 정보기관과 권력을 동원하여 막았다.

둘째, 대기업에서 보여지는 미혼여성 노동력의 과잉 공급은 노동조합의 교섭을 떨어뜨릴 수 있는 요인으로 등장한다. 미혼여성 노동자들이 집중되어 있는 단순 저임금 업종은 내부 시장이 형성되지 않는 노동시장의 특성 때문에 여성 노동력에 대한 수요가 거의 무제한이었고 그러므로 여성 노동자들은 해고를 당하더라도 다른 산업 혹은 다른 직종에 취업할 가능성이 있기 때문에 집단적 행동에 적극적으로 참여할 수 있었다는 설명이 있다. 그러나 이러한 과잉 공급은 상대적으로 약간이라도 조건이 좋은 기업에는 취직하기가 그만큼 어렵다는 것을 말하며 이는 이후에 어려운 일이 생기더라도 꾹 참도록 하는 기제로 작

---

23 전영기, 「비제도적 노동운동의 특성에 관한 연구」, 서울대학교 대학원 정치학과 석사학위 논문, 1986, 34~35쪽.

용한다. 여성 노동자 석정남은 자서전에서 당시의 상황을 이렇게 서술하고 있다. 처음에 생각했던 것과는 달리 공장 생활이 너무 힘이 들어 갈등을 겪지만 다른 한편으로는 "이러한 고통을 이겨내지 못하고 하나둘 퇴사하는 사람들도 있었으나 회사를 그만둔다는 것은 생각도 할 수 없는 일이다. 얼마나 어렵게 들어왔는데… 힘들더라도 꾹 참고 견뎌야지"라고 다짐하였다. 또한 기업 측의 입장에서는 과잉 공급이 존재하는 한 노동자들의 불만을 강압적으로 억누르고 문제가 생기면 가차 없이 해고할 수 있는 위치에 있는 것이다.

셋째, 농촌에서 올라온 미혼여성들의 저임금, 미숙련, 단절적 특징은 조직화의 장애 요인이기도 하다. 저임금은 자연스럽게 장시간의 노동으로 이어지고 이러한 조건은 노동자들이 자유롭게 사용할 수 있는 생활 시간을 축소시킴으로 해서, 노동자들의 자유로운 활동 기회를 제한하게 된다. 그 결과 노동시간의 지나친 연장은 노동자층의 자율적인 생활의 세계와 자발적인 조직 활동의 가능성 자체를 제도적으로 축소시키게 되는 것이다.[24] 또한 미숙련 노동인 까닭에 쉽게 대체가 가능하여 노자 간의 교섭에 있어 그들이 가지는 힘의 크기는 더욱 제한되었다. 아울러 여성이 일시적으로만 노동에 참가한다는 관습은 기업주가 이를 임금 비용 절감의 한 방편으로 사용하는 현상을 낳았

---

24 박준식, 앞의 글, 32쪽.

제2장 산업화 과정과 여성 노동자

다. 또한 그것은 기업으로 하여금 여성에게 직업인으로서의 성숙을 위한 일체의 기회를 부여치 않게 함으로써 그들의 낮은 지위를 고정시키는 결과를 가져왔다. 반대로 이러한 노동력 참가의 단절적 경향은 여성 노동자에게 있어서도 노동자로서의 의식이나 성별 불평등에 대한 자각을 소홀히 하게 하고 그들의 지위 개선을 위한 노력을 일시적인 것으로 만들어왔다.[25]

　이러한 장애 요인들에도 불구하고 1970년대 여성 노동자들이 보여준 그 단결력과 투쟁성은 대단한 것이었다. 그렇다면 이러한 힘들이 어디에 기인하고 있었는지 그 요인들을 다음 장부터 살펴보도록 하겠다.

---

25 신경아, 앞의 글, 90쪽.

제3장

여성 노동력의 특성과 형성 과정

1970년대 여성 노동력의 특성에 대해서 지금까지 나온 대부분의 연구들이 지적하고 있는 것은 농촌에서 이농한 미혼여성으로 가족에 대한 경제적 책임을 지고 있으며, 기숙사에서 생활하거나 공단 주변에서 자취를 하며 결혼 전까지의 단기 노동력으로 저임금 노동자층을 형성한다는 것 정도이다. 이러한 일반적인 서술은 많은 것들을 놓치고 있다.

　제1세대 노동자의 특성은 무엇보다도 문화적 동질감이 크다는 데 있는데, 이것은 단지 같은 공간에서 일한다는 사실 그 이상의 것들을 공유하기 때문이라고 본다. 농촌에서 이농한 경우가 대부분이라고 했을 때[1] 농촌 생활의 정서를 추적해 들어가는

1　한국여성유권자연맹의 『여성근로자 실태조사 보고서 - 구미, 구

것은 도시문화의 적응 과정을 더 정확히 밝힐 수 있다. 특히 이들이 집을 떠나게 되는 동기의 의미를 파악하면 비록 출신지는 각자 다르지만 공통의 목적과 욕구를 가지고 있다는 것을 알 수 있다.

이 장에서는 어린 시절의 경험, 특히 가족 내에서의 경험을 살피면서 왜 집을 떠날 수밖에 없었으며 좌절된 욕구는 무엇인지 밝히도록 하겠다. 또한 취직 과정과 공장 생활의 적응 과정을 통해서 여성 노동자 스스로 자본주의적 계약 관계를 인식하지 못하게 되는 제약 조건과 이것을 상쇄시켜 줄 조건을 살피고자 한다.

로 공단을 중심으로』를 살펴보면, 농촌 출신은 66.1%, 읍소재지는 14.5%, 중·소도시는 11.0%, 대도시는 8.5%로 대도시 출신의 경우는 매우 적은 것으로 밝히고 있다. 업종별로 보았을 때는 농촌 출신이 전자업(64.0%)의 경우보다 섬유업(68.8%)이 많은 것으로 나타났다. 24~25쪽.

제3장 여성 노동력의 특성과 형성 과정

1 농사일보다 더 나은 돈벌이를 찾아서

대부분의 여성 노동자들은 경제적으로 어려웠던 어린 시절을 기억하고 있다. 경제적 어려움은 어린 시절부터 많은 것들을 포기하게 만들었고 이는 일찍부터 스스로를 경제적 보조자로서 위치 지으며 이러한 조건을 받아들일 수밖에 없는 상황에 놓이게 한다. 한 여성 노동자의 어린 시절을 간단히 살펴보자.

〈사례 18〉의 노동자는 어린 시절부터 몸이 아팠지만 어려운 살림과 아버지의 병 때문에 보호받지 못하는 존재로 키워졌다. 국민학교에 들어가기도 전부터 밥을 해야 했었고 중학교 가는 것조차 엄두를 내지 못하였다. 가난하기 때문에 포기할 수밖에 없는 상황을 받아들이고 살아가야 했다. 14세부터는 본격적으로 집에서 일을 시작했는데 농사일도 하고 바다 일도 했다. 아버지가 전에 했던 일들을 대신 맡아서 낮에는 농사를 짓고 저녁이 되면 고기를 잡고 겨울에는 굴을 땄다. 그런데 이 일은 너무 힘들었고 그것에 비해서 벌이는 변변치 않았다. 그때 동네에서 공장에 간 언니들 이야기를 통해서 공장에 들어가면 한 달에 쌀 한 가마니 넘게 번다는 이야기를 듣고 공장에 갈 것을 결심했다. 그래서 공장 생활을 시작한 것이 15세였다.

가난한 살림 속에서 아이의 존재는 보호받는 존재라기보다는 일을 도울 수 있는 노동력 차원에서 이해된다. 어린 시절부터 집안일을 돕는 데 익숙해지지만 사실상 어린아이가 할 수 있는 이상의 것을 하도록 요구받는다. 이러한 역할에 익숙해져야 하는 상황은 일찍부터 가족에 대한 책임 의식을 가지게끔 한다. 무엇보다도 경제적 책임의 부담은 농사일보다 더 나은 돈벌이를 찾아가도록 한다. 개인적 차원의 욕구는 이미 포기되어야 하는 것으로, 아니 더 정확하게 말한다면 개인적 차원의 욕구가 무엇인지조차 알 수 없게 만드는 것이 이들의 어린 시절이었다. 경제적 어려움이라는 상황은 어떠한 것도 선택할 수 없는 것을 의미하며 세상에 대해 순응적인 존재로 만든다. 이 순응은 세상을 잘 적응하기 위한 그러한 것이 아니라 주위의 환경에 의해서 규정되는 수동적인 존재로의 순응을 의미한다.

〈사례 14〉의 노동자는 1년 반의 시다 생활 동안 무척이나 서러운 일들도 많았지만 이것을 너무도 당연한 것으로 받아들인다. "내 처지가 이러니까… 노예로 태어났다면 당연히 노예 대접을 받듯이. 시다니까 당연히 시다 대접을 받는다고 생각했어요." 경제적 어려움은 '자야'라는 것들을 포기하게 만들고 자신의 위치를 스스로 낮추는 데 익숙해지게 한다. 어린 시절부터 세상에 대해서 기가 죽는 경험은 이후 삶에서도 당당하게 삶의 주인으로 서는 과정이 쉽지 않음을 의미한다.

그러나 이러한 상황을 아무런 갈등도 없이 받아들이는 것은 아니다. 무엇보다도 경제적 어려움은 교육의 기회를 포기하게 만드는데, 이 상황은 무척이나 갈등스러운 것이었다.

> 나는 공부하는 것을 굉장히 좋아했어요. 일 년에 반은 학교에 못 갔는데 농사를 지으면서도 강의록을 사서 혼자서 공부를 하고 그랬어요. 왜 못 나갔냐면 아침에 밥을 먹으면서 엄마가 학교에 가지 말라는 이야기는 못 하고 '오늘은 보리를 베어야 해' 그런다고. 그러면 학교는 너무 가고 싶고 그래서 책보를 몰래 싸서 사립문으로 나가면 들킬까 봐 밖으로 몰래 집어 던져요… 그러면 맨손으로 사립문을 나가서 책보를 가지고 막 뛰어가요, 학교를… 그러면 될 줄 알고… 그러면 두 시간쯤 뒤에 교실 문이 드르륵 열리면서 엄마가 '너 보리 베라는데 왜 여기에 있냐'고 그래서 공부하다 말고 끌려온 적이 있었어요. 〈사례 14〉

결국 〈사례 14〉의 노동자는 중학교 시험에서 장학생으로 뽑혔음에도 진학을 포기하는데 그 과정에서 정말 죽으려고 했다고 한다. 밭일을 하고 있다가 교복을 입은 여학생을 보면 가장

부러웠다고 한다. 국민학교 5학년 때 아버지가 돌아가시고 어머니와 둘이서 농사를 지었던 이 여성 노동자는 어린 시절부터 지게질, 나무하는 것까지 해야 하는 상황에서 너무나 힘이 들어서 서울을 택했지만 서울 생활은 농사짓는 것보다도 더 힘들었다고 기억한다.

왜일까? 농사일이 어렵기는 하지만 정해진 규율 속에서 강제적으로 이루어지는 것은 아니고 인격적인 모욕을 감당해야 하는 것은 더더욱 아니다. 힘겨운 노동이지만 가을에는 수확이 있고 자연의 변화를 느낄 여유를 주는 곳이기도 하다.

> (어린 시절의 기억을 떠올려보았을 때 가장 인상에 남는 것은 어떤 걸까요?) 재미있었어요. 명절이 되면 모여서 연극한다고 몰려 다니고 저녁에 귀신놀이를 하고 여름이면 연꽃잎 머리에 쓰고 깨진 양재기 두드리면서 농악놀이를 한다고 돌아다니고… 겨울에 눈이 오면 오빠들이 새 잡으러 다니고 꿩 잡으러 다니면서 쫓아 다니고. 〈사례 10〉

농촌 생활이라는 것이 힘든 노동을 요구하는 곳이지만 동시에 쉴 수 있는 여유도 주는 곳이며 무엇보다도 동네 또래들과의 돈독한 관계는 중요한 기억으로 남는다. 또한 서로의 생활이 공개되는 특징을 지니고 있는 농촌 생활의 문화는 경쟁과 개인주의의 유형과는 달리 서로 돕고 사는 것을 자연스럽게 체득하는 문화이다.

여성 노동자 장남수는 자서전에서 어린 시절의 기억들로 힘든 노동을 해야만 하는 상황과 함께 농촌의 여름과 가을, 겨울의 변화를 상당히 서정적으로 묘사하고 있다. "달빛이 하얗게 부서지는 밤, 바람에 흔들리는 나뭇가지, 머리 위로 떨어져 내리는 낙엽, 감상에 젖어 수없이 재잘대던 우리들, 돌담이 있는 강둑, 돌멩이를 물에 집어던지며 말없이 앉아 있던 우리들…"[2] 이러한 정서는 어려운 가정 형편이지만 자유로운 유년 시절을 의미한다.

이러한 문화는 이후의 공장 생활에서 겪게 되는 경험과 심한 마찰을 일으키기도 하지만 다른 한편으로는 이것을 상쇄시켜줄 집단문화 역시 형성한다. 대부분의 여성 노동자의 정서에 흐르고 있는 공동 이해와 생활에 대한 감각은 도시 생활 속에서 체득된 새로운 것들을 포함하고 있는 그런 것들이다.

---

2 장남수, 『빼앗긴 일터』, 서울 : 창작과비평사, 1984, 13쪽.

2 딸이라서 학교 대신 공장으로

농촌의 경제적 어려움 때문에 어쩔 수 없이 돈벌이에 나서야 하는 것이 대부분의 여성 노동자들이 놓여 있는 처지였다. 하지만 이러한 상황이 아들과 딸에게 똑같이 적용되는 것은 아니다. 적어도 아들만큼은 교육을 많이 시켜야 한다는 관념은 뿌리 깊게 남아 있었고 아들을 위해서 딸이 희생해야 하는 것이 당연한 것으로 받아들여졌다. 대부분의 여성 노동자들이 동생이나 오빠의 학비를 벌어야 하는 경우가 많았다.

> 부모가 일찍 돌아가셔서 공부를 계속할 처지가 못 되고 남동생 셋을 공부시켜야 하기 때문에 돈을 벌어야겠다고 생각을 했어요. 나는 동생들 학비를 대야 했기 때문에 결혼할 생각도 안 했어요. 〈사례 17〉

> 제가 너무 가난해서 배우지 못해서 동생들만큼은 꼭 공부
> 를 시키려고 죽어라고 일을 했어요.　　　　　　　〈사례 9〉

가족을 위해서 자신이 희생되는 것을 너무도 당연하게 여기
며 돈을 벌기 위해서 최선을 다한다. 뿐만 아니라 가족에 대한
책임 의식은 공장 생활에서도 계속 이어진다.

> 야식으로 보름달이라는 빵을 나눠주었는데 그걸로 계를 하
> 는 거야. 시골에 있는 동생이나 식구들 주려고 자기가 안 먹
> 고 모아두는 거지. 그런데 모아두면 쉬니깐 계를 해서 한꺼번
> 에 부쳐주는 거야. 시골에서는 그게 참 큰 거지.　　〈사례 17〉

이처럼 가족에 대한 책임 의식은 공장 생활을 지배했다. 한국
사회에 뿌리 깊게 남아 있는 가족주의의 원칙은 여성들의 책임
과 희생 위에서 지탱되어왔다고 볼 수 있다. 공장 생활 속에서
도 가족과의 연계 의식은 가장 중요한 책임이자 의무로 여성
노동자에게 부여되었다. 그러나 가족에 대한 경제적 책임을 져
야 하는 경우이든 아니면 입 하나 더는 차원이든 가족 내의 차
별에 의한 소외는 남자형제들에 대한 분노로 나타난다.

> 오빠는 고등학교를 나왔어요. 저는 중학교를 장학생으로
> 들어가는 바람에 다녔고… 언니는 국민학교 나왔고 여동생은
> 국민학교도 나오지 못했어요. 제일 큰 언니는 오빠랑 두 살

차이인데 국민학교도 나오지 못해서 글씨도 몰라요. 오빠가 고등학교 다닐 때 우리들이 어른들이 지는 물지게를 지고 비탈길을 아슬아슬하게 올라가면 오빠는 배를 쭉 펴고 영어 씨부렁거리고 있는 것을 보면 굉장히 미웠던 경험이 있어요. 오빠를 떠받들고 우리 집의 기둥이다 하면서 오빠에게 절대적으로 복종하는 분위기였어요.　　　　　　　　　　〈사례 19〉

　유교적 전통에 의한 교육열과 아들 선호 사상으로 인해 가족 내에서 딸이라는 위치에 있는 이들은 상대적인 박탈감을 크게 느낄 수밖에 없었다. 한국 사회에서 교육에 대한 열망은 비정상적으로 강조되는데 그것은 우리 사회가 가지고 있는 독특한 구조적 특성에서 기인하였다고 추정할 수 있다. 즉 전통적인 농업 사회에서는 과거제도를 통한 관리로서의 출세가, 외세에 의해 자본주의화의 길이 강요되었던 식민지 지배하에서는 정규교육을 받은 후 식민지 관료로 등용되는 게 유일한 신분 상승의 통로였으니 교육의 기회가 과대평가되게 마련이다.[3] 그 교육의 기회는 아들에게만 부여되었고 가정 형편이 넉넉하든 그렇지 않든 모든 식구가 아들의 교육을 위해서 애써야 하는 상황이었다.
　특히 농촌에서의 전통적 관습은 가부장적 전통에 의해 이러

3　정현백, 앞의 책, 418쪽.

한 의식을 더욱 견고하게 했으며 여성들을 사회와 차단하려는 의식이 강했다.

> 여자들은 6시가 넘으면 밖에 못 나가게 하고 그랬어요. 감
> 히 밖에 나가서 직장에 다니고 그런 것은 상상도 못 했어요.
> 그때만 해도 우리 엄마 아버지가 완고해서 남자는 가르쳐서
> 직장 생활을 하고 여자는 집안에서 살림이나 하라고 해서 나
> 는 사회에 대해서 알지를 못했어요. 저녁이 되면 친구랑 마음
> 놓고 이야기도 못했어요. 여자는 긴 치마를 입어야 하고 …그
> 런 식으로 우리 아버지는 봉건적인 사상이 아주 깊었어요.
>
> 〈사례 11〉

남자는 바깥일, 여자는 집안일이라는 역할 구분이 명확하고 '여자가 배우면 바람이 든다'는 관념은 가정 형편이 어렵든 그렇지 않든 여자를 교육의 기회로부터 차단하는 위치에 놓이게 만든다.

> 소작은 안 했지만 빈농에 속했죠. 형제가 7남매인데 제가
> 넷째예요. 남자들은 거의 일을 하지 않았어요. 그때만 해도
> 교육 수준이 그렇게 높지는 않았어요. 그럼에도 불구하고 남
> 자는 교육을 시켰고 여자는 옛날부터 내려오는 고정관념, 집
> 에서 살림이나 하고 엄마 아버지 말씀 잘 듣고 그랬죠. 그런
> 데 집에서 남자 동생은 대학을 가는데 나는 그 애 뒷바라지를

하라는 거예요. 오빠가 군대에 가면서 그 일이 나에게 떨어졌어요. 아버지는 여자들이 집에서 밥하고 빨래나 하는 줄 알았는데 오빠들이 군대에 가니까 그 일을 나에게 요구하는 거예요. 일을 많이 했는데 시골 생활은 집에 있다가 시집 잘 가는 거 그렇게 배워왔거든요. 그런데 그게 아니더라구요. 동생들은 학교에 가는데 나는 운동화나 빨아야 하고 교복이나 빨아서 다려줘야 하는 그런 것들이 엄마, 아버지에 대한 반발로 가게 되었어요. 〈사례 11〉

위 사례자는 '여자는 집에서 살림이나 하라'고 교육을 받았지만 일손이 부족할 때는 제일 먼저 일을 하기를 요구받았다. '살림이나 하는 여성'과 '일하는 여성'은 상반된 이미지로 보이지만 사실은 이 두 가지 역할 모두가 가족에 대한 책임을 강조하고 있다는 차원에서 같은 맥락임을 알 수 있다. 가족에 대한 무조건적인 희생과 양보는 딸자식에게 요구되었다. 가족 내에서의 이러한 차별은 농촌 생활에 대한 강한 회의와 어떠한 일이 있어도 이곳을 빠져나가겠다는 결심을 하게 만든다. 농촌은 결코 자신의 발전을 위해서 어떤 기회도 제공하지 않을 것이라는 믿음과 계속 공부를 해야겠다는 열망은 과감히 집을 나오는 동기가 된다. 가족 내에서의 이러한 차별적 경험은 깊은 한으로 남게 되고 이후에 노동조합 활동을 하게 되면서 전에 결코 겪어보지 못한 새로운 것들을 경험하게 된다.

제3장 여성 노동력의 특성과 형성 과정

노동조합이 개인의 인권을 위해서 많은 도움을 주고 또 교육을 받으면서 시골에서 엄마, 아버지한테 내 이야기가 안 먹히는 것과는 달리 내 이야기를 들어주고 뭐라고 할까 인간 대접을 받는다는 느낌을 받았어요.　　　　　〈사례 11〉

　가부장적 가족 구조에 의해서 교육의 기회가 차단된 여성 노동자는 교육에 대한 강한 열망을 품게 된다. 공장 생활이 아무리 어려워도 이곳에서는 처음에 품었던 꿈들을 해결할 수 있는 기회가 주어지지만 시골에서는 비록 자유롭다 해도 구조적으로 아무런 성취를 할 수 없는 상황임을 여성 노동자들은 잘 알고 있다.

　교육에 대한 열망으로 여성 노동자들은 이후 공장 생활에서도 끊임없이 배우려는 노력을 계속한다. 원풍모방의 여성 노동자들은 3분의 2가 주변에 있는 ○○학원에 다녔다고 한다. 이 학원은 9개월 동안 중학교 3학년 과정을 끝낼 수 있는데 강의 내용은 주로 영어, 한문, 주산 등으로 공장 생활과 직접적인 연결이 있기보다는 교육을 받았다는 만족감을 줄 뿐이다. 꼭 검정고시를 위해서가 아니라 그냥 배우고 싶어서 배우는 것이었다고 한다. 이러한 열망을 채워주기 위해서 각 기업에서는 학교를 운영하기도 하지만 그러지 못하는 곳에서는 노조에서 야학을 운영하였다. YH무역에서는 야학을 운영하고 교육에 대한 만족감을 채워주기 위해서 교복을 입히기도 했다. 〈사례 18〉은

이 야학에 들어가서 공부를 한 경우이다.

> 오로지 살길은 공부하는 거라고 믿었어요. 그런데 공장 다니면서 누가 학비를 대주는 것도 아니고 쉽지 않았어요. 1년 6개월 정도 공부를 하면서 검정고시를 보고 떨어지기도 하고 붙기도 하고 그랬죠. 공부하기가 어려웠어요. 왜냐하면 기숙사에서는 11시면 전체적으로 소등을 했어요. 그러면 식당에 가서 불 켜놓고 하다가 매일 혼나기도 하고 엎어져 자다가 아침에 밥하는 아줌마에게 들키면 혼나고… 그렇게 공부를 하다가 YH 사건 나기 몇 달 전에 그만두고 검정고시를 봐요. 그래서 중학교 졸업 자격증을 얻어요. 〈사례 18〉

이와 같이 자신의 꿈을 이룬 경우도 있지만 대부분의 여성 노동자들은 몇 차례의 시도 속에서 결국 좌절할 수밖에 없는 경험을 하기도 한다.

> 아버지의 사고방식이 여자는 공부시킬 필요가 없다, 스무 살만 되면 시집 보내면 된다는 식이지요. 아들은 공부를 시켜서 출세를 시켜야 하지만 여자는 오히려 알면 해악이 된다는 게 아버지의 지론이셨어요. 국민학교를 졸업하고 학교를 보내달라고 3일을 단식을 하고 그랬는데 안 됐어요. 그래서 아버지 몰래 열다섯 살에 집을 나오게 되었죠. 집을 나올 때 꿈은 두 가지였어요. 하나는 무슨 일이 있어도 공부를 계속한

다는 거였고, 다른 하나는 내 스스로 벌어서 결혼을 한다였어요. 이후에 나는 학업을 계속하려고 무척이나 노력을 해요. 야간학교도 알아보고 주학이라고 낮에 하는 곳이 있는데 거기도 알아보고⋯ 하지만 철야 작업이 계속 있어서 좌절을 하고 방황을 하죠. 내가 계획한 것을 하면서 살아갈 수 없다는 것을 확인하고 포기하게 되었죠.　〈사례 16〉

〈사례 16〉의 노동자가 학업을 포기하기까지는 약 4년 정도의 시간이 흘렀다. 4년간의 사회생활은 한 여성 노동자에게 사회라는 거대한 힘을 확인하는 시간이었고, 그는 이 거대한 테두리 안에서 끊임없는 좌절을 경험하였다. 그러한 좌절을 거듭하면서 뛰쳐나오는 힘이야말로 그 어떤 것과도 타협할 수 없는 힘으로 분출되는 것이다. 여기서 '포기'라는 것은 제도교육에 대한 포기이지 배움에 대한 열망까지 포기하는 것은 아니다. 노동조합에서 마련된 여러 교육 프로그램에 열심히 따라 다니며 배우게 되는 것도 근본적으로 배움에 대한 열망이 깔려 있기 때문에 가능한 것이다. 배우지 못했기 때문에 당연한 것으로 여겼던 소외를 끊임없는 배움의 과정을 통해서 직시하게 되었다. 1970년대 민주노조들의 대표적인 특징들은 처음부터 끝까지 교육에서 시작하여 교육으로 끝난다는 것인데, 이러한 교육 과정 하나하나가 조합원들에게는 자신에 대해서 새롭게 눈떠가는 과정이었다.

결국 가족 구조 속에서 딸자식이기 때문에 겪어야 했던 서러움과 교육 기회의 차단은 배움에 대한 강한 욕구를 만들어내었고 이러한 공동의 욕구는 노동조합의 새로운 교육 속에서 강한 힘으로 모아지는 원동력이 되었다.

3 선택되기만을 기다리는 노예

여성 노동자들은 저마다의 꿈과 희망을 안고 서울로 오게 된다. 돈을 벌어서 남자형제들 교육을 꼭 시키겠다거나, 집에 송아지를 사주겠다거나, 가방 하나 가득 돈을 벌어 아버지 병도 낫게 하고 우리 집도 편안히 살 수 있게 하겠다거나, 못 했던 공부를 꼭 하겠다거나 등등 이런저런 꿈을 안고 서울로 오게 된다. 그러나 아무런 연고도 없이 무작정 상경하는 경우는 드물고 보통은 미리 와 있던 친구나 친척의 소개로 일자리를 구한다. 하지만 취직이 그리 쉽지만은 않다. 대기업의 경우는 다른 기업에 비해서 상대적으로 임금이나 노동조건이 좋다고 소문이 나 있었기 때문에 나름대로 경쟁이 치열했다.

노동력의 과잉 공급 덕분에 기업 측에서는 노동력 확보를 위한 적극적인 노력을 하지 않아도 되었다. 기업 측에서 원하는 노동력을 훨씬 상회하는 숫자가 항상 대기하고 있으니 현실적으로 일종의 '빽'이 없으면 취직하기 어려운 것이다. 만났던 여성 노동자의 대부분이 '고향 아저씨', '친척', '동네 언니', '아는 관리자'의 소개로 취직하는 경우가 많았다. 이러한 상황은 혈연 관계와 지연 관계가 중요한 사회관계로 뿌리내리고 있는 관습과 노동력이 과잉 공급되고 있는 현실이 결합된 결과이다.

개인적인 연분을 통해서 고용되었을 때는 육체적으로나 정신적으로 쉽게 고용주에게 예속되어버린다. 고용 관계가 노동력을 둘러싼 계약 관계라는 관념이 희박하고 노동자를 고용한다는 사회적 관계에 입각하고 있어[4] 취업자와 고용주의 인간관계의 결합을 전제하는 것이 된다. 주종 관계에 입각한 노사 관계는 고용주의 권한을 매우 강력하게 만드는데, 특히 미혼여성 노동자라는 특성은 이러한 관계를 더욱 공고히 만든다. 윗 사람에 대한 복종과 공경을 중요한 가치로 받드는 전통문화에 익숙한 여성 노동자에게 취직 과정은 계약 관계라고 인식하기 어렵다. 면접시험의 절차는 이러한 의식을 더욱 강하게 만든다.

입사 절차는 꽤 까다로웠다. 면접시험은 별게 아니었는데 신체검사에서 많은 사람이 떨어졌다. 몸무게 53kg 이상일 것, 키 155cm 이상일 것, 순발력을 테스트하는 손동작 검사, 시

---

4 미키오 스미야, 앞의 책, 199쪽.

력검사, 청력검사, 색맹검사 등등 정신없이 하였다. 그래서인
지 동네 사람들은 동일방직도 인물이 좋아야 들어가기가 수
월하다고 얘기했다. 물론 건강 테스트를 하는 것은 당연하다
고 볼 수 있겠지만 노예상인들이 노예시장에서 노예 매매를
할 때 상품으로 나온 건강한 노예들을 고르는 듯하였고, 시장
에서 아낙네들이 싱싱하고 깨끗한 부식거리를 구입하듯이 일
단 힘든 일을 이길 수 있는 건강한 체력의 소유자를 필요로
하였다.[5]

　취직을 원하는 여성 노동자는 바로 노예주에 의해 선택되기
만을 기다리는 노예와도 같은 입장이다. 이러한 면접 과정은
고용주의 일반적인 의사결정을 당연한 것으로 받아들이게 하
고 권위주의적인 상하 관계를 자연스러운 것으로 이해시킨다.
한 달에 임금을 얼마나 받게 되는지, 노동시간은 하루에 몇 시
간이나 되는지, 복지시설은 어떤 것들이 갖추어졌는지, 퇴직금
은 있는지 등의 취업 규칙을 기업 측은 전혀 밝히지 않았고, 여
성 노동자들도 그것을 요구한다는 것은 상상도 할 수 없는 일
이었으며 그런 것이 있는지조차 모르는 경우가 대부분이다.
　근로기준법에서는 "노동조건은 사용자와 노동자가 대등한 입

5　정명자, 「1분에 140보 뛰고 일당 870원」, 민족문학작가회의 여성문
　학분과위원회, 『내가 알을 깨고 나온 순간 : 여성문인 21인의 자전적
　에세이 모음』, 공동체, 1989, 199쪽.

장에서 자유의사에 따라 결정해야 한다"(제3조)라고 규정하고, 그 구체적인 방법으로 "평상시 10인 이상의 노동자를 사용하는 사용자"에 대하여 '취업 규칙'을 작성하고(제94조), 이것을 준수해야 한다(제4조)고 규정하고 있다.[6] 그러나 법규와는 달리 이 모든 사항을 일방적으로 기업 측에서 결정을 내렸고 여성 노동자는 이러한 결정에 아무런 의문도 제기하지 않고 받아들였다. 취직 과정에서 암묵적으로 고용 관계의 성격이 규정되어버린 것이다. 즉, 고용 관계가 근대적 노동력의 구매자와 공급자의 대등한 계약 관계가 아니라 신분적인 상하 관계와 결부되어 그것을 기반으로 하고 있다. 고용주에 대한 충성과 이것을 위반한 경우 종업원에 대한 엄벌 등이 고용 관계의 기반이 되어 있는 것이다. 이러한 노사 관계에서는 사용자 측의 지배력이 강한 경우, 특히 노동자 측이 전통적인 가치 체계에 순응하여 윗사람에 대한 공경을 행동의 지침으로 삼고 있는 한 분규가 발생하기 어렵다.[7]

---

6 1. 시업(始業)과 종업(終業)의 시각, 휴식시간, 휴일, 휴가 및 교체에 관한 사항 2. 임금의 결정, 계산, 지불 방법, 지불 시기 및 승급에 관한 사항 3. 가족수당의 산정(算定), 지불 방법 4. 퇴직에 관한 사항 5. 퇴직금, 상여, 최저임금 6. 노동자의 식비, 작업용품 등의 부담 7. 노동자를 위한 교육시설 8. 안전 및 보건 9. 업무상 및 업무 외의 재해 부조 10. 표창 및 제재.

7 미키오 스미야, 앞의 책, 248~250쪽.

4 기계의 굉음과 공포감

서울에 대한 환상과 동경을 가지고 공장 생활을 시작한 여성 노동자들이 막상 접하게 되는 새로운 생활은 처음에 가졌던 기대와는 너무도 달랐다. 서울이라고 하면 깨끗한 건물과 화려한 거리를 떠올리게 되는데 실제 보았던 서울에 대한 풍경은 그렇지 못했다.

서울에 왔는데 너무나 더럽고 살벌해서 이런 곳이라면 안 오는 게 나을 뻔했다고 생각했죠. 처음에 온 곳이 마장동에 있는 실 염색하는 공장인데 어찌나 더럽던지 하루만 자고 도망 나왔어요. 밥도 도무지 먹을 수가 없고 지저분해서 그만 집에 가자고 했더니 친구가 돈 벌러 왔는데 어떻게 그냥 갈 수가 있냐고 하면서 붙잡았죠. 한 방에 16명이 있는데 8명씩

교대로 자고 천장이 찌그러져서 금방 무너져 내릴 것 같고 냄
새가 나고 아침에 밥을 주는데 정말 너무했더라구요. 시골에
서도 그렇게는 살지 않았는데 꼭 거지 취급을 받는 것 같았어
요.   〈사례 17〉

급속한 산업성장과 도시화 과정은 공단 주변을 중심으로 이
루어지는 판자촌과 빈민가를 동시에 만들어내었다. 대중매체
를 통해 소개되는 서울의 화려한 거리는 경제성장을 과시하려
는 하나의 상징에 불과한 것이었고 실제 여성 노동자들이 접했
던 서울은 자신이 전에 살았던 농촌의 환경보다도 지저분하고
실망스러운 것이었다. 막상 공장 생활을 시작하면서 접하게 되
는 새로운 생활은 쉽게 적응하기 어려운 것이었다.

분위기가 얼마나 억압적이던지… 막내로 커서 울기도 많이
울었지. 시골에서 뛰어놀고 염소 풀 먹이고 소 먹이고 청소하
면 다녔는데 사회생활을 하니까 잘못했다고 혼내고 쥐어박고
밥 먹으러 가면 이게 밥인지 뭔지 모르겠고 잠 자러 가면 얼
마나 서러웠던지. 그 억압적이고 부자유스러움은 이루 말로
다할 수 없었죠. 제가 얼마나 울어서 별명이 울냄이었어요.
                                                    〈사례 16〉

농촌에서 자유롭게 커온 여성이 어느날 갑자기 엄격한 규율
에 맞춰 생활한다는 것은 쉽지가 않았다. 보통 완전 군대식이

었던 현장의 분위기는 부자연스러움을 느끼게 하고 끊임없는 감독과 질시는 적응하기 더욱 힘들게 한다. 또한 처음 접하게 되는 기계와 낯선 물건들은 공포감으로 다가온다.

> 들어가는 순간 숨이 확 막히면서 도망가고 싶었어요. 왜냐하면 그때는 굉장히 추울 때였는데 공장에 들어가니까 모두 반팔 소매를 입고 짧은 미니를 입고 있는 거예요. 먼지는 눈을 뜰 수 없게 만들지. 기계 소리는 얼마나 큰지 소리가 안 들려요. 그런데 미말이(반장을 지칭)하고 조장은 말 안 들리니까 손짓을 해요. 호루라기를 확 불어서 돌아보면 나오라고 손짓을 해요. 그리고 또 기계에 실이 감기면 호루라기를 확 불어요. 그러면 아! 이것 때문에 그렇구나 하지요. 구석에 데리고 가서 실 잇는 거부터 가르쳐줘요. 그런데 여기서 일을 해야 하나 싶고… 어렵게 들어왔는데 안 다닐 수는 없고 한없이 서글퍼지고 도망갔으면 하는 생각이 들었어요.   〈사례 9〉

공장에 대한 처음 느낌은 공포감으로 다가온다. 기계의 굉음과 함께 질식할 듯이 바쁘게 돌아가는 분위기는 조금의 여유도 주지 않는 팽팽한 긴장감 그 자체이다. 한 치의 실수도 인정되지 않는 듯한 분위기, 약간의 실수라도 하는 날에는 큰일이 날 듯한 분위기에 도망가고 싶어진다. 규율에 따라서 긴장된 생활을 해본 경험이 없는 여성 노동자에게 공장은 쉬지 않고 계속 돌아가는 거대한 수레바퀴와도 같다. 이러한 공포감은 구체적인 생활에서 접하는 낯선 것들 하나하나에 의해 당혹감으로 다가온다.

> 여름에 공장에 들어갔는데 미싱에서 나오는 열기며, 프레스에서 나오는 김 대단했어요. 그런데 이따만 한(두 손으로 원을 그린다) 선풍기가 있는 거예요. 대형 선풍기. 나는 그게 뭔가 했어요. 현장 안에 인터폰이 있는데 그것을 어떻게 받는지 모르는 것, 전화기가 있는데 그것을 어떻게 사용해야 할지 모르는 것들… 우선은 한풀 접어두고 시작한 게 많았어요.
>
> 〈사례 18〉

새로운 문화에 대한 당혹감과 괴리가 그만큼 컸다는 것을 알수가 있다. 전혀 보지 못했던 새로운 것들(대형 선풍기, 인터폰, 전화기)은 도시문화의 상징으로 인식되었을 것이고 이것에 대한 이질감은 스스로를 촌스럽고 어리숙한 존재로 받아들이게 한다. 이러한 낯선 문화는 단지 새로운 시설들뿐만이 아니라 이제까지의 생활습관을 완전히 뒤집어야 하는 상황 속에서 더욱 힘들게 다가온다.

> 야근을 할 때면 9시부터 들어가서 준비 작업을 시작한다. 시골에서는 날이 어두우면 잠자리에 들고 완전히 시간에 관계없이 새벽이 밝아오면 일어나곤 했었는데 이곳에서는 완전히 시간의 노예일 뿐 날씨의 변화라든가 밝고 어두운 게 상관

이 없었다. 밤 12시나 1시 이렇게 깊은 밤에 일을 하기도 하고, 식당에서 밥을 먹기도 한다. 시골에서 살 때 같으면 상상도 할 수 없는 일이었다. 한창 바쁘게 일을 하거나 밥을 먹다가도 지금이 한밤중인데 하는 생각이 들 때면 내가 영 딴 세상에 와서 이상한 생활을 하고 있는 것 같은 느낌도 들었다.[8]

　　야간일을 하다 보면 새벽 3~4시쯤 되면 그렇게 잠이 와요. 그러면 옥상에 올라가서 밖을 보면 집에 불이 보여요. 그것을 보고 나도 언제 이 시간에 잠을 잘 수 있을까 그랬어요. 그게 참 지루해요. 시계를 쳐다보면 웬 놈의 시계가 그렇게 안 가는지. 제자리에 있고 제자리에 있고… 　　　　〈사례 14〉

　농촌 생활에 익숙해 있던 여성 노동자들에게 새로운 생활습관은 무척이나 고통스러운 것이었다. 자연의 변화에 의해 인식되었던 시간에 대한 관념이 기계의 작동에 따라 3교대하는 시간 관념으로 바뀌게 되는 것이다. 농촌과 다른 문화에 대한 당혹감은 결국 기계의 배치나 생산량에 따라서 자신이 움직여져야 하는 현실에 대한 당혹감일 것이다. 적어도 인간의 생리적 현상을 거스르면서까지 일을 해야 할 필요가 없는 농촌 생활은 일하는 순간에 서럽다거나 남들과 다른 곳에 있다는 느낌을 주

---

8 석정남, 앞의 책, 13~14쪽.

지 않는다. 하지만 개인의 생리적 현상보다는 생산량을 중심으로 움직이는 공장 생활은 남들이 결코 겪지 않아도 될 일들을 배우지 못했기 때문에, 가난하기 때문에 견뎌내야만 하는 서러운 처지를 느끼게 한다. 게다가 육체적으로 이겨내기 벅찬 노동 강도는 공장 생활이 끔찍하게 다가온다.

그렇다면 공포스럽고, 당혹스럽고, 고통스러운 공장 생활에 적응하게 만드는 힘은 어디에 있는 걸까?

전에 있었던 곳은 허술했고, 그래서 그런 사람들이랑 금방 친근감이 들어 친해졌는데 원풍엘 가니까 옷장이 모두 캐비 넷으로 되어 있고, 3층 건물에 좀 세련돼 보여서 왠지 나하고 는 좀 맞지 않는다고 생각을 했어요. 사람들이 모두 세련돼 보이고 해서 갈등이 굉장히 심했어요. '내가 괜히 왔구나' 그 렇게 고민을 하다가 기숙사를 나와서 출퇴근을 했어요. 그러 다가 현장 사람들을 사귀고 그래서 다시 기숙사로 들어왔어 요. 그 기간이 6개월 정도 됐던 거 같아요. 사람들을 사귀고 난 후부터는 모든 게 괜찮았어요. 〈사례 4〉

처음에 농촌에서 올라와서 쑥스럽고 촌스러운 것을 안 열 어 보이다가 조금씩 이야기하기 시작했는데 친구들이 다른 곳으로 이전을 한다거나 그만두어서 다시 외톨이가 되는 그 런 경험들을 하고 마음을 안 열었어요. 그런데 조합을 알게 되면서 조합으로 묶여지고 야학으로 묶여지고 소모임 경험들을 통해서 사람들과 친하게 지내면서 극복이 되기도 했어요.

〈사례 18〉

보통 도시인의 대인관계는 가족과 친구·이웃 등 친밀한 제1차적 관계가 약화되는 반면에, 서로가 잘 알지 못하는 낯선 사람들 간에 피상적이고 익명성을 띤 개별화의 제2차적 관계가 강화된다고 한다.[9] 하지만 여성 노동자들이 낯선 공장 생활에 적응하게 되는 가장 중요한 관계는 바로 동료들과의 친밀한 관계를 유지하는 것에 있다. 지금까지 익숙하게 보아왔던 환경과는 달리 커다란 규모의 공장과 기계들, 도시에 나와서야 볼 수 있는 시설들은 모든 게 새로운 것이다. 약간은 허술해 보이고 지저분하게 보이는 건물에 더 친숙함을 느끼는 것은 농촌에서 친근하게 보아왔던 것과의 유사성 때문일 것이다. 그러나 주위에 있는 동료들이 자신과 비슷한 처지라는 동질감만 확인하게 되면 강한 일체감으로 결속된다. 비록 각기 다른 지방에서 살다가 왔지만 이전에 맺었던 전통적인 인간관계를 계속 맺을 수 있음에 따라서 도시인의 대인관계인 친밀한 1차적 관계의 약화는 보이지 않는다. 오히려 가난했던 어린 시절로 인한 소외감

---

9 한상복, 「도시 생활」, 서울대학교 사회과학대학 인구 및 발전문제연구소 편, 『한국사회 : 인구와 발전』, 서울 : 고려서적, 1978, 694~695쪽.

의 공유와 가족에 대한 경제적 부양이나 형제들의 교육을 책임
지겠다는 공통의 책임과 희망, 힘든 노동 속에서 서로 의지하
고 기대려는 공통의 욕구로, 어느 때보다도 강한 결속력을 바
탕으로 한 인간관계를 맺게 된다.

5 노동자 정체성 형성의 조건들

이상에서 살펴보았듯이 여성 노동력의 형성 과정에서 보인 특성들은 산업 노동자로의 의식을 형성하는 데 긍정적인 측면과 부정적인 측면을 동시에 가지고 있다.

여성 노동자들은 공통적으로 경제적으로 어려웠던 어린 시절을 기억하고 있다. 이러한 경제적 어려움은 어떠한 꿈도 구체적으로 가져볼 수 없도록 한다. 이는 자신에 대한 최소한의 믿음도 형성할 수 없으며 이미 주어진 상황에 맞추어 살아가야 하는 현실을 의미한다. 따라서 경제적 어려움에 의한 교육 기회의 차단과 서울로의 상경은 현실에 의해서 떠밀려진 선택이었을 뿐 다양한 가능성 속에서의 선택은 아니었다. 이러한 선택 부재의 삶의 경험은 여성 노동자를 수동적인 존재로 묶어두는 가능성으로 존재한다. 또한 이들이 경험했던 가족은 자신을 보호하는 장이 아니라 어린 시절부터 노동의 짐이 부과되는 장이며 자신의 욕구는 결코 채울 수 없는 공간, 끊임없는 갈등과 긴장이 존재하는 곳이다. 가족에 대한 책임 의식, 희생양 의식과 몰자아 현상[10]으로 나타나며 이러한 의식은 노동자로의 정체감을 획득하는 데 장애 요인으로 등장한다. 게다가 취직 과정은 혈연과 지연 관계를 통해서 이루어지기 때문에 고용 관계가 노동력을 둘러싼 계약 관계라는 의식을 하기 어렵게 한다. 이와같이 여성 노동력의 특성과 형성 과정에서 노동자로의 정체감을 획득하기 어려운 측면이 보인다.

하지만 농촌의 정서는 공동체적인 연대의식으로 이어지기 쉬우며 낯선 도시 생활의 적응 상황은 이러한 가능성을 더욱 높여준다. 이와 함께 여성 노동자들의 공통된 좌절 욕구, 즉 배움에 대한 열망은 교육 프로그램에 적극적으로 참여할 수 있는 가능성을 높여주었다. 여성 노동자들의 배움에 대한 열망은 교육의 사회문화적 가치를 높게 평가하는 우리나라의 문화적 특수성에 기반하고 있지만 가부장적 가족 구조 내에서 딸이기 때문에 교육을 받을 기회를 차단당하는 경험은 상대적인 박탈감을 더욱 크게 만들었다.

한국의 국민 평균 교육 연수는 1966년에 5.03년, 1970년에 5.74년, 1975년에 6.62년으로 매년 증가하는 경향을 보이고 있

---

10 정현백, 앞의 책, 410쪽.

으나 성별 및 지역별 교육 불균형 현상은 조금도 해소되지 않았다. 1975년에는 남자의 경우 및 도시의 경우에는 중학교 과정까지 보편화되어 있는데, 여자의 경우는 1980년이 될 때까지 초등교육 6년의 교육 연한을 넘지 못하였다.[11] 교육열이 유난히 강조되는 사회에서 여성들은 국민학교를 졸업하는 것 정도로 만족해야 했던 것이다. 14세 정도부터 사회적 노동을 해야 했던 이 여성 노동자들이 가장 간절히 원했던 것은 무엇이었을까? 아마도 교육이 아니었을까? 교육이 비정상적으로 강조되는 한국 사회의 특수성과 유교 문화에 의한 가부장적 가족 구조의 특수성의 결합은 여성 노동자들에게 배움에 대한 강한 열망을 갖도록 만들었다.

즉, 가족에 대한 경제적 부양자로의 의무로 인한 희생양 의식, 몰자아 현상과 함께 다른 한편에서는 배움에 대한 강한 욕

---

11 이은숙, 『현단계 민중교육론』, 서울 : 백산서당, 1987, 52쪽.

국민 평균 교육 연수 (단위 : 년)

연도	평균 교육 연수	남	여	시부	군부
1966	5.03	6.19	3.97	7.14	3.99
1970	5.74	6.86	4.72	7.52	4.46
1975	6.62	7.61	5.70	8.12	5.20
1980	7.48	8.58	6.46	——	——

주 : 평균 교육 연수는 6세 이상 인구를 대상으로 산출한 것임.
자료 : 『한국의 사회지표』(1981), 경제기획원.
　　　『한국의 교육지표』(1984), 한국교육개발원.

구가 있었던 것이다. 결국 여성 노동자들에게 가족이라는 구조는 희생양 의식과 배움에의 욕구라는 상반된 가치를 제시하였다. 이 모순된 상황은 산업 노동자로의 생활 속에서 그대로 드러난다. 여성 노동자들은 오빠나 남동생의 학비를 벌기 위해서 열심히 일을 하고, 12시간의 노동이 끝난 후에는 산업선교회나 JOC를 중심으로 이루어지는 소모임 활동에 참석하든지 아니면 학원에 다녔다. 노동하는 동안은 자기가 기꺼이 희생되는 것이고 이 시간 이외에는 자기를 찾기 위한 시간을 가지려고 했다.

배움에의 욕구 내면에 깔려 있는 가치가 어떤 것이었는가는 더 깊은 분석을 요구하는 것이지만 여성 노동자들의 배움에의 노력은 희생양 의식과는 대조되는 적극적인 자아 성취 욕구라고 볼 수 있다. 문제는 이러한 욕구가 산업 노동자로의 의식을 형성시키는 데 어떠한 기능을 했는가에 모아진다.

급속한 산업화의 추진과 원활한 노동력 공급이 중요했던 1970년대, 여성 노동자들의 이러한 욕구를 충족시켜줄 국가나 기업 차원의 제도적 기관은 존재하지 않았다. 따라서 돈을 들이지 않고 배울 수 있는 기회를 제공하는 유일한 단체인 산업선교회나 JOC의 소모임 활동은 여성 노동자들에게 커다란 의미로 다가올 수밖에 없었다.

산업체학교는 1977년 '산업체 근로 청소년의 교육을 위한 특별학급 등의 설치 기준령 및 시행세칙'에 근거하여 시행된 산업체학교 제도의 하나로서 산업체 특별학급은 산업체 부근에 있는 기존 학교의 중·고등과정 야간부에 소속 노동자들을 취학시킴으로서 운영되는 학급을 의미한다. 산업체학교 제도는 1970년대 말부터 나타난 생산직 여성 노동자의 부족 현상을 해소하고 교육을 통해 노동력을 확보할 필요성에 의해서 증대하였다.[12] 제도적으로 규정된 1977년에는 산업체 특수학급을 운영하는 산업체 수가 520개였는데 1979년에는 1,166개, 1980년에는 2,541개[13]로 급속히 증가했다. 이것이 의미하는 것은 1970년대에는 여성 노동자들의 배움에의 욕구를 사회나 기업에서 제도적으로 흡수하지 않았지만, 70년대 후반부터 80년대로 넘어오면서 이러한 욕구를 제도화시켰다는 것이다.

1970년대 산업체학교가 있었던 한일합섬이나 대성모방, 충남방직, 방림방적[14] 등에서는 타 기업과 마찬가지로 노동조건이 열악하거나 오히려 더 나쁜 상황이어도 여성 노동자들의 집

---

12 이와 관련된 논의는 한주미, 「산업체학교를 통한 기업의 노동력 확보 필요와 취학노동자의 교육욕구 간의 갈등 분석」, 이화여자대학교 대학원 교육학과 석사학위 논문, 1991을 참고할 것.
13 『문교통계연보』(1997, 1979, 1980), 문교부.
14 방림방적은 1977년의 체불노임 요구투쟁으로 알려진 기업이다. 이 사건은 산업선교회원을 중심으로 이루어졌으나 이것은 사회문제화되어 외부싸움으로 전화되고 방림방적 근로자들의 조직 역량은 점차 감소되어버렸다. 따라서 싸움의 이슈화는 시켰으나 투쟁은 조직적으로 전개되지 못한 경우이다.

단행동은 조직적으로 전개되지 않았다.[15] 이와 대조적으로 민주
노조가 있는 원풍모방이나 YH무역, 반도상사의 경우에는 다른
기업과 달리 내부에 노동조합 주체의 체계적인 교육 프로그램
이 마련되었다.

이러한 사실에 비추어 70년대 민주노동운동이 활성화될 수
있었던 조건 중에 하나는 여성 노동자들의 배움에의 강한 욕구
와 이를 노동조합의 교육 프로그램이나 외부 의식화단체의 소
모임에서 적극적으로 흡수했기 때문으로 보여진다.

---

15 이러한 특성은 단지 1970년대에만 국한되는 것은 아니다. 1980년대
에 급격히 증가했던 산업체학교는 근로 조건에서뿐만 아니라 의식
과 조합 활동 및 운동에서의 통제적 기능을 담당하고 있다. 이에 관
한 논의는 김희정, 「산업체 특별학급 취학노동자에 관한 연구」, 이화
여자대학교 대학원 사회학과 석사학위 논문, 1990을 참조할 것.

제3장 여성 노동력의 특성과 형성 과정

제4장

생산의 사회적 관계

앞 장에서 살펴보았던 여성 노동자의 특성과 형성 과정은 산업 노동자의 의식과 욕구를 형성시키는 데 영향을 미친다. 한편으로는 긍정적인 측면도 있지만 다른 한편으로는 부정적인 측면도 있다. 그러나 이것은 잠재적인 것일 뿐이다. 이러한 잠재성은 현실의 다양한 조건들과 만나면서 상이한 모습으로 표출된다. 이 장에서부터는 1970년대 대표적인 민주노조였던 원풍모방 사례를 중심적으로 조직 운동의 활성화가 가능했던 조건들을 생산의 영역과 일상생활을 통해서 살펴보고 이것에 기반한 조직화 방식에 대한 고찰을 하겠다.

원풍모방의 연혁을 살펴보면 1953년에 한국견방주식회사로 출발하여 1958년에는 한국모방주식회사로 명칭을 변경하였다. 1963년부터 1971년까지는 어용노조기로 회사 측과 평소에 친분이 있었던 사람들이 노조 지도부를 구성하였다. 1972년에 들어서면서 노조 민주화 투쟁이 격화되었고 1972년에 있었던 두 차례의 파업 농성, 즉 8월 9일 파업 농성과 9월 3일 명동성당 농성 사건을 통해서 민주노조가 탄생되었다. 1973년에는 회사 부도 발생으로 노동조합을 중심으로 회사 재건 운동을 벌였다. 이로 인해 1975년에는 원풍산업㈜에서 인수하여 원풍산업㈜ 모방공장으로 회사 명칭이 변경되었다. 1979년에는 회사가 국제그룹으로 흡수되고, 1982년 노조 파괴로 599명의 집단해고를 끝으로 민주노조는 막을 내리게 된다.

10년 동안 진행되었던 민주노조 운동은 민주노조 태동기(1972 ~1975), 노동조합 정착기(1976~1980), 노동조합 탄압기(1980~1982)로 시기를 구분할 수 있는데 이 책에서는 태동기와 정착기까지만 분석에 포함시켰다.

본 장에서는 생산의 영역에서 노동자들의 조직적 역량에 미치는 요인들이 무엇인가를 알아보고, 이러한 조건 속에서 어떠한 계기와 과정을 통해서 노동자들이 서로의 이해관계를 형성하고 저항 전략을 성공시키는가를 살펴보고자 한다. 생산의 사회적 관계는 노동 과정에 대한 분석으로부터 출발하는데 그 이유는 자본주의하에서 노동 과정은 사용가치를 생산하기 위한 활동과 가치 증식 과정의 결합으로 나타나며, 생산의 주체적 요인인 노동자가 생산수단의 소유 및 통제로부터 이중적으로 분리되어 있다는 규정적 특징을 갖기 때문이다. 이로 인하여 노동 과정은 생산 과정의 '기술적(technical)' 성격과 '사회적(social)' 성격의 측면이 결합되어 있는 것으로 이해할 수 있다. 이 경우 노동 과정은 생산기술과 사회조직의 성격 및 그 발전 과정과 불가분의 관계를 맺고 있으며, 기업 조직을 둘러싼 사회적 관계의 핵심적 부분을 차지한다. 따라서 자본주의적 기업 조직에서의 노동 과정을 이해하기 위해서는 작업 조직의 '기술적' 성격뿐만 아니라 이를 기반으로 형성되는 노동자 의식과 집단적 조직력의 특성이 파악되어야 한다. 또한 이와 더불어 노동 과정에 대한 기업의 통제가 노동자들의 조직 역량에 대해 어떠한 영향을 미치는가가 파악됨으로써 노동 과정의 기술적 성격과 사회적 성격이 함께 이해될 수 있다.[1]

---

1 박준식, 「중공업 대기업에서의 노사관계 유형에 관한 연구」, 연세대학교 대학원 사회학과 박사학위 논문, 1991, 22~23쪽.

1 생산기술의 특성 및 노동 과정

    모방직공은 원모(原毛)에서 최종 제품인 모사 혹은 복지(服地) 생산에 이르기까지 톱 제조 공정, 염색 공정, 방적 공정, 직포 공정, 가공 공정으로 구분되는데, 이들 생산공정을 각각 독립된 기업이 하나씩 맡아서 운영하는 경우가 있고 일관공정으로 만들어 한 개의 기업이 운영하는 경우가 있다. 전자는 각 생산 단계의 기술적인 수준이 평준화되어 상호 의존 관계가 형성될 수 있으며, 유통 구조가 확립되어 전문화가 가능한 시점에서 생성 가능한 기업 형태라 할 수 있다. 후자는 관련 공정별 기술 수준의 격차가 현저하거나 상호 의존 단계에 있지 못할 경우 성립되는 기업 형태라 볼 수 있다.[2] 원풍모방의 경우는 원모로

---

2 제일모직주식회사, 『모직 20년사』, 1974, 157쪽. 원풍모방은 사사(社

부터 최종 제품에 이르는 모든 공정을 일련된 기계에 의한 일관공정체제로 처리하는 방식으로 생산이 이루어졌다. 당시 공장 배치도를 보면 첫 공정부터 마지막 공정까지 모두 포괄하고 있음을 알 수 있다.

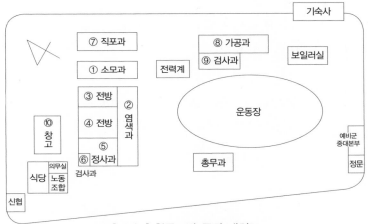

[그림 1] 원풍모방 공장 배치도

노동 과정

각 공정의 특성을 살펴보면 톱 제조 공정은 최종 제품의 특성에 알맞은 원모를 세척하고 섬유를 평행화하여 불순물을 제거

史)가 남아 있지 않기 때문에 같은 모방 계열 회사인 제일모직의 사사를 참조하였다.

하여 방적에 적합한 상태로 가공, 톱을 제조하는 공정이다. 염색 공정은 톱, 사(絲), 복지(服地) 등을 필요한 품질 특성에 따라 필요한 색상으로 염색하는 공정이며, 방적 공정은 톱을 원료로 하여 필요한 굵기의 실을 제조하는 공정이다. 직포 공정은 직기(織機)로서 복지를 짜는 공정이며, 가공 공정은 제직된 복지를 물리 화학적 방법으로 처리하여 소기(所期)의 품질을 갖춘 복지로 완성하는 공정이다.

양모 → 소모(세탁) → 염색 → 전방 → 정방(단사) → 정사(합사, 연사) → 검사 → 정경 → 통경 → 제직 → 정포 → 습식 → 건식 → 수정 → 검사 → 포장 → 출고

[그림 2] 모방직 생산공정

각 공정별로 기술 수준의 발전에 차이가 있는데 방적 공정과 직포 공정이 가장 노동집약적인 공정이라고 볼 수 있다. 방적 기술의 종국적인 목표는 균제도(均齊度)가 좋은 실, 결함이 없는 실의 생산에 있다. 그러므로 기계군별로 제품의 흐름이 바뀔 때마다 중간 품질 체크가 필요하며 적시에 적절한 조치가 수반되지 않으면 안 된다. 직포 공정은 복지의 조직, 디자인 규격(두께, 폭, 중량) 등이 결정되는, 최종 제품의 품질에 가장 결정적이고 직접적인 영향을 미치는 공정으로서 노동자의 숙련도가 각별히 요구되는 까다로운 노동집약적인 공정이다. 그러나 이 공정은 가장 관리가 어려운 부분으로 전체 복지 불량의 70% 이상

은 이 공정에서 발생한다. 따라서 섬유업에서는 가발이나 봉제업과는 달리 3개월에서 6개월의 공식적인 훈련 과정을 거친 후에야 현장에서 일을 하게 된다.

주요 공정인 방적 공정과 직포 공정을 중심으로 작업의 성격을 살펴보면 다음과 같다.

방적 공정

방적 공정은 전방 → 정방 → 정사의 세 가지 과정으로 이루어진다.

전방은 최초의 거친 실이 완성되는 공정이며, 정방은 완제된 실이 생산되는 공정, 정사는 다 감긴 실을 합사나 연사로 꼬는 공정이다. 작업장 안은 덥고 습한 공기가 일정하게 유지되어야 제품의 질이 균질하다고 하여 몹시 더우며, 기계 소음이 심하여 사람들의 말소리는 거의 들리지 않고 밖에 나오면 귀가 울릴 정도이다. 전방과 정방, 정사는 한 건물 안에서 이루어지며 작업의 흐름에 따라서 일렬로 배치되어 있고, 각 부서 간의 공간적 구분은 기계의 배치에 의해서 이루어져 있으며 따로 문이 있는 것은 아니다. 따라서 전방에서부터 정사과까지는 하나의 통로로 연결되어 있다.

전방 공정에만 8개의 공정이 있는데, 각 단계를 거치면서 실의 형태를 갖추게 되는 것이다. 이 공정은 3교대로 진행되며 약

180명 정도의 인원이 배치된다. 주요 작업 내용은 다음과 같다. 우선 정제한 양모가 넘어오면 기계에 넣어서 평편하게 다지는 과정을 계속 거치면서 티를 제거하고, 섬세하게 만들어 최초의 굵은 실을 생산한다. 각 공정마다 다른 종류의 기계를 사용하는데 대부분 기계 자체가 바늘로 되어 있어 원료가 돌아가면서 바늘에 걸려서 가늘어진다. 공정이 진행되면서 점점 기계의 바늘이 촘촘하게 박혀 있는 기계를 사용하게 되는데 이것으로 굵기를 조절한다. 모두 자동 조절되는 것이 아니라 한 번 작동을 시키고 사람이 끄지 않으면 계속 돌아가게 되어 있다. 따라서 양모를 기계의 뒤에서 계속 이어주는 작업(이것을 '밥을 준다'라고 한다)을 노동자들이 해야 하는 것이다. 정해진 크기에 맞추어서 가공되면 그때 기계를 세우고 다음 공정으로 운반한다. 8개의 공정을 거치면서 솜덩어리가 점점 가느다란 실의 형태를 갖추며, 마지막 공정을 마치면 어른 손 둘레만큼의 굵은 실이 완성된다. 그러면 정방 공정에서 사용할 수 있도록 쌓아놓는다.

정방 공정에서는 전방에서 만들어진 굵은 실을 완전한 실의 형태(단사)로 뽑아낸다. 여기에도 약 180명 정도의 인원이 배치된다. 전방과는 달리 이 공정에는 기계가 정방기 한 종류만 있으며 이 정방기 하나만으로 독립된 공정이 이루어진다. 전방에서 가공된 실을 각 기계에 걸면 여기서 완성된 실이 나오는 것이다. 기능공들이 하는 주요한 일은 실이 끊어지면 완벽하게 이어주는 것과 실이 끊어지면서 기계에 말린 솜을 갈쿠리로 긁

어내는 일('떡 뜯는다'고 한다)이다. 솜이 기계에 감기거나 솜 먼지가 기계에 많이 붙으면 실이 안 감기므로 사람들은 조그만 갈퀴를 가지고 다니며 솜을 기계에서 제거한다. 약간 방심하여 적시에 솜 먼지를 제거하지 않으면 다른 쪽 실타래를 끊어먹기 때문에 일이 훨씬 어려워진다. 입사한 지 약 3개월에서 6개월 정도 되는 노동자는 바닥 청소와 기능공 보조로 일하게 되는데 틈틈이 실 잇는 것을 부지런히 연습하면 빨리 기계를 운전할 수 있다. 보통 기능공이 되기까지는 1년 정도 걸리는데 그 이후에는 특별한 기술을 요구하는 것은 아니라고 한다. '순발력', '센스', '눈썰미'에 따라서 빨리 기술을 익히는 사람이 있고 그러지 못하는 사람도 있다. 각 라인 간의 간격은 약 50cm 정도로 두 사람이 모로 서서 걸어갈 수 있는 정도인데, 보통은 한 라인을 한 사람이 담당하기 때문에 사람들하고 이야기하기는 어렵다.

정사 공정은 정방에서 나온 실을 두 가닥으로 꼬는 과정이다. 약 270명 정도의 인원이 배치되는 이 공정은 크게 다섯 공정으로 분류된다. 우선 정방에서 나온 실을 다시 한번 걸러내는 작업을 하는데 이때 실이 잘 끊어져서 다시 이어주기도 하고 양털을 다듬기도 한다. 이것을 권사 과정이라고 한다. 이것이 끝나면 합사를 하는데 이것은 실을 두 가닥으로 꼬는 과정이다. 이것이 끝나면 두 가닥으로 꼬인 실을 하나로 완전히 다시 꼬는 연사 과정을 거쳐서 다시 권사 과정으로 보낸다. 그러면 권사 공정에서 마지막으로 걸러내는 작업을 하는 것이다. 이 과정이 끝나면 실을 찌는 열처리 과정을 거치고 이것으로 직포과로 넘길 실이 완성된다. 정사 공정에서 주로 하는 작업은 끊어진 실을 바로 이어주는 작업이다. 이것은 약 3일에서 일주일 정도면 어느 정도 할 수 있는 작업으로 특별한 기술이 요구되지는 않지만 민첩함과 섬세함이 필요하다. 끊어진 실을 적시에 이어주지 못하면 추가 내려가고 관사에 잘못 감기면 불이 나든지 옆에 있는 실을 다 끊어먹는다. 끊어진 관사에는 기름이 계속 돌아가니까 실이 빳빳하게 변질되어 못 쓰게 되기도 한다. 이 공정에서 기술이 요구되는 것은 연사를 보는 능력이다. 제대로 잘 꼬여졌는지 염색이 잘못된 것은 없는지 식별하는 능력이다. 또한 기계를 운전할 수 있는 능력이 기술이다. 기계를 제대로 잘 조절하느냐에 따라서 실의 강도와 꼬임의 형태가 결정되기 때문에 세심한 주의를 기울여야 한다.

직포 공정

직포 공정은 정경 → 통경 → 제직의 과정을 거쳐서 천을 완성하는 공정이다. 정경은 직물 설계 기준에 따라 경사를 정리, 배열하는 공정이며, 통경은 경사를 드로퍼에 끼우는 공정이고, 제직은 직기를 이용하여 천을 짜는 공정이다. 앞의 두 공정은 직포 준비라고 하는데, 약 90명 정도의 인원이 배치되는 반면 제직 공정에는 180명 정도의 인원이 배치된다.

제직은 직수들이 맡은 기계 사이를 오가며 북실을 갈아주거나 위사나 경사 잇기를 해야 하고, 경사가 끊어짐과 동시에 떨어진 드로퍼를 찾아 끼워야 하는 등 행동이 민첩해야 할 뿐만 아니라 세심해야 한다. 양성 기간 3개월을 거치면 기계를 맡을 수 있고 근속 연수가 많아지면 맡아야 할 직기 수가 많아진다. 보통 양성 기간이 끝나면 1대의 직기를 맡게 되고 1년 정도 시간이 지나면 구직기는 한 사람당 2대를, 신직기는 4대를 맡아 보았다고 한다.

노동 과정의 기술적 토대

이상에서 살펴본 것처럼 방적 공정이나 직포 공정에서 요구되는 여성 노동력의 숙련은, 보통 1년 정도면 기능공으로서 능력을 갖추게 되는데 기계를 작동하는 방법을 익히는 것, 끊어진 실을 빨리 잇는 것, 제품 식별 능력 등 민첩함과 세심함을 요구하는 특성을 가진다. 1년 정도 지나면 '손끝의 감각'만으로도 감별할 수 있는 능력이 생긴다고 한다. 일정 정도의 기간이 지나면 여성 노동자들의 노동은 동질의 성격을 나타낸다. 그러나 시끄러운 기계 소음과 작업 공정의 배치(기계를 중심으로 사람이 배치되면 보통 한 사람당 2대에서 3대 정도의 기계를 담당)는 노동자들 간의 의사소통 기회를 어렵게 한다. 또한 기계를 중심으로 작업이 이루어지고 있으며 이 기계의 속도는 각 공정마다 다르지만 노동자 스스로가 자신의 작업 속도를 결정할 수는 없다. 즉 작업 속도의 조절이 기계에 의해 이루어지며 노동자들이 자신의 직무에 가지는 재량권은 극히 제약되어 있다. 그러나 방적 공정과 직포 공정이 기계에 의한 일관공정으로 이루어지지만 생산량과 속도를 전적으로 기계가 규정하는 것은 아니다. 모방직 전체 공정에 투입되는 인원 중 거의 반 이상이 방적 공정과 직포 공정에 밀집되어 있는데, 이 공정은 모두 기계를 중심으로 개인이 기계의 가동과 작업 중지를 조절하고 기계의 앞뒤에서 제품을 집어 넣거나 받아내고 실을 이어주는 작업을 하는 과정이다. 기본적으로 기계는 끊임없이 돌아가지만 여성 노동자들의 민첩한 손놀림과 숙련도에 의해서 생산량이 결정되는 것이다.

2 노동 통제

　이러한 생산기술의 조건은 생산관리에 반영되는데 노동 과정의 기술적 토대는 현장 감독과 중간관리자에 의한 전통적인 노동 통제 방식과 작업 관습을 그대로 유지하게 한다. 작업 지시 체계를 살펴보면 다음 [그림 3]과 같다.

　3교대 근무를 하기 때문에 각 부서에 다음 그림과 같은 직무 구조가 3개씩 있는 것이다. 노동 과정은 일련의 기계에 의한 공정 흐름에 따라 작업이 고정화되고 세분화되는 게 아니라 여성 노동자들의 판단에 의한 수작업이 요구되는 부분이 남아 있으며, 작업에 대한 통제는 기계보다 호루라기의 재촉에 의존한다. 자동화는 부분적으로만 진행되어 작업 조직 자체의 변혁을 수반하지 못한 것이었기 때문에 생산량 증대는 현장감독에 의한 통제에 의존하고 있다. 반장이 하루의 작업 상황을 담임으

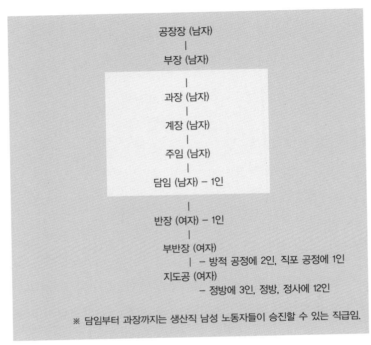

공장장 (남자)
|
부장 (남자)
|
과장 (남자)
|
계장 (남자)
|
주임 (남자)
|
담임 (남자) – 1인
|
반장 (여자) – 1인
|
부반장 (여자)
| – 방적 공정에 2인, 직포 공정에 1인
지도공 (여자)
– 정방에 3인, 정방, 정사에 12인

※ 담임부터 과장까지는 생산직 남성 노동자들이 승진할 수 있는 직급임.

[그림 3] 직무 구조

로부터 지시받으면 이것을 지도공들에게 하달한다. 지도공들
은 그들이 담당해야 할 구역이 설정되면 그곳에서 일어나는 제
반의 사고 처리와 일의 진행을 감독하게 된다. 이들의 직책은
완장으로 표시되는데 반장은 파란색 띠가 세 줄인 완장을, 부
반장은 두 줄, 지도공들은 한 줄인 완장을 찬다. 민주노조가 만
들어지기 전에는 지도공들이 생산량을 많이 내기 위해서 수시
로 돌아다니며 감시하고 근무가 태만하다고 보이면 호루라기
를 불어서 재촉하기도 했다. 일을 소홀히 하면 지도공들은 아

제4장 생산의 사회적 관계

예 그 기계에 매달려서 일을 하기도 하고, 심지어 졸기라도 하면 반장이 바늘을 가지고 다니면서 찌르기도 하고, 화장실 가는 것까지 통제했다.

반장이나 부반장, 지도공의 임명은 전적으로 담임의 권한이기 때문에 담임의 눈에 잘 보이면 다른 사람보다 먼저 지도공이 될 수 있다. 또한 호봉은 A, B, C, D급으로 구분하여 임금인상의 차이를 두곤 하였는데 담임과 반장 등이 호봉 급수를 결정하기 때문에 그 권한은 대단하였다고 볼 수 있다. 이러한 구조적 조건은 생산조직 체계 내에서 반장이나 지도공의 역할을 증대시킨다.

이와 같이 노동 통제는 단순 통제에 기반을 두고 있으며, 각 직무에 따라 역할과 권한이 분화되어 노동자를 체계적으로 통제하기 위한 방식으로 위계적 통제[3]를 사용한다. 이러한 위계제의 특징은 성별에 의한 차별화에 기반하고 있다. 여성들이 승진할 수 있는 최고 직계는 반장이며 아무리 근속 연수가 길어도 그 이상의 승진은 불가능하다. 그러나 남자들은 생산직으

---

3 김형기는 직원과 공원 간의 신분적 차별, 육체노동 '천시' 사상은 1960년대 이후 자본주의적 생산 관계의 확산 과정에서 위계적 노동 통제와 결합되며, '남존여비', '장유유서'로 표현되는 봉건적 사회관계 및 이데올로기의 강력한 잔존은 여성 및 연소 노동자에 대한 차별을 강화시키는 요인으로 작용하였다고 지적한다. 『한국의 독점자본과 임노동』, 서울 : 까치, 1987, 332쪽.

로 입사하였을 경우 과장까지 승진이 보장된다. 남자들에게는 내부의 승진 사다리가 안정적으로 보장되어 있다. 생산에 직접 참여하는 남성 노동자들은 염색과 가공과에 소수 있으며 다른 부서에는 생산에 직접 참여하는 남성 노동자가 없다. 남자들은 주로 작업의 지시자, 평가자, 감독자, 보조자 역할을 하고 있으며 여자들은 직접 생산자로 명령과 감시의 대상이다. 남자들은 보통 담임으로 직접 현장의 총감독을 맡거나 아니면 기계를 수리하는 기사의 역할을 맡는다. 임금에 있어서의 차별화는 심하여 남자와 여자의 임금 비율은 100 : 48 정도로 차이가 있다.

　이러한 위계 체계는 한 사업 내에서 남성 노동자와 여성 노동자의 이해관계를 분열시키는 효과[4]를 가져오기도 하며 생산직에서 여성의 특수 과제[5]가 제기되기 어렵게 만드는 구조적 제약 조건이기도 하다. 생산직은 공간적으로 '남성 중심 사업장'과 '여성 중심 사업장'으로 분리되어 있으며, '여성 중심 사업장'의 경우는 성별에 의한 위계 통제에 근거하고 있다. 남성의 경우는 학력도 고졸 이상이며 직무 역시 관리직이나 기술직을 맡고 있

4　이러한 조건은 남성 노동자들이 노동운동에 적극적으로 참여하기 어렵게 하며 노동운동을 방해하는 세력으로 등장하게 만드는 요인이 된다.
5　여성의 특수 과제는 결혼퇴직제의 철폐, 차별적인 승진, 승급 제도 철폐, 모성 보호 제도 및 동일 노동 동일 임금 제도의 정착 등을 의미한다.

기 때문에 생산직의 여성 노동자들은 차별 임금이나 승진, 승급에 대한 이해관계를 공유하기 어렵다. 그러나 무엇보다도 생산직에 대한 사회의 낮은 가치 평가와 열악한 작업 조건은 여성 노동자들로 하여금 그 직장을 평생 일터로 인식하기 어렵게 만든다.[6]

또한 위계 체계는 반장이나 부반장, 조장급의 여성 노동자들이 노동조합 운동에 직접적으로 뛰어들기 어려운 조건을 만든다. 생산관리 체계에서 지위를 얻었다는 것은 근속 연수가 오래되었음을 의미하고 이러한 계층에 있는 여성들은 결혼을 얼마 남기지 않은 여성이라고 볼 수 있다. 이러한 조건은 퇴직할

---

6 원풍모방 노동조합에서는 1970년대 후반으로 넘어오면서 모성 보호에 관한 몇 가지 조건들을 단체협약에 규정하였다. 여성 조합원들에게는 월 1일의 유급 생리휴가를 청구할 수 있도록 한 생리 유급휴가 조항(제26조)과 임신 중인 여자 조합원에게는 산전 산후를 통해서 60일간의 유급 보호휴가를 청구에 의하여 준다는 산전산후 휴가(제29조), 회사는 임신 중의 여자 조합원에 대하여는 가급적 경미한 작업에 종사시키며 산후 1년 미만의 유아를 가진 여자 조합원에게는 1일 2회의 수유 시간 30분씩을 정기적으로 준다는 육아 시간에 대한 조항(제30조)을 만들었다. 그러나 실제로 생리 유급휴가를 제외한 다른 규정들은 사용되지 않았다. 여성 노동자들은 결혼과 함께 퇴사하는 것이 일반적인 관행으로 받아들여졌다. 따라서 원풍모방의 단체협약에서 규정되고 있는 모성 보호 제도는 일반 여성 노동자들의 이해와 요구에 의해서 제정되었기보다는 노동조합 간부들의 요구에 의해서 이루어졌기 때문에 현실과의 괴리 현상이 보인다.

때까지 가능한 한 이 회사에 남기를 원하지 다른 곳으로 직장을 옮길 수 있는 조건이 못 된다. 따라서 이 계층에 있는 여성들은 쉽게 집단행동에 참여하기 어렵다. 근속 연수가 오래되었기 때문에 임금도 어느 정도 올라갔을 테고, 직책수당도 받으며 작업 지시를 주로 하기 때문에 육체적으로 편할 수 있다. 회사에 어떻게 보이느냐에 따라서 직책의 임명과 해고가 결정이 되기 때문에 자기에게 불리한 행동을 쉽게 하기는 어렵다. 또한 가부장적인 사회 분위기와 '장유유서'에 대한 유교적 학습은 나이 많은 남자에게 저항한다는 것이 결코 쉽지 않음을 의미한다.

지금까지 살펴본 것과 같이 시끄러운 기계 소리와 기계 위주의 작업 배치는 노동자들 간의 의사소통 기회를 어렵게 하며 직무에 의한 위계제는 여성 노동자들의 연대감을 형성시키는데 있어서 장애 요인으로 등장한다. 하지만 동질의 노동력이 형성되었다는 점과 단순 인격적 통제에 의한 불만의 누적은 공통의 이해관계를 형성하는 계기가 되기도 한다. 그렇다면 원풍모방에서 어떠한 과정과 조건이 이와 같은 장애 요인들을 극복하게 만들었는지 살펴보자.

3 훈련 과정에서 공유되는
   여성 노동자들 간의 연대

  첫 번째 조건으로 들 수 있는 게 양성공 제도이다. 여성 노동
자들은 입사하면 6개월간(1973년부터는 3개월간)의 양성공 기간을
거쳐야 정식적으로 부서에 배치될 수 있었다. 이 과정은 회사
의 주관으로 이론적인 학습을 하고 대부분 현장에서의 실습이
많은 시간을 차지한다. 이 기간 동안은 바닥 청소를 한다거나
일이 밀려 있는 부서에 배치되어 작업을 도와준다. 양성공 과
정에서 일을 가르쳐주는 사람은 바로 반장이나 지도공들이며
먼저 들어온 기능공들에게서 배우게 된다. 가장 어려운 양성
기간 동안 일의 습득과 지도를 다른 여성 노동자들에게 의존하
게 되므로 노동 과정은 분리된 개인으로 기계를 보는 것이 아
니라 다른 여성 노동자들과의 관계 속에서 이루어진다. 이러한
훈련 과정의 특성은 미혼여성의 단기 노동력이라는 조건에 의

해 끊임없이 이질적인 노동력이 흡수되는 한계를 극복하게 한다. 만약 훈련 과정이 노동자들 사이에서 이루어지지 않고 별도의 훈련원을 통해서 기술을 습득한 여성 노동자들이 현장에 들어왔다면 여성의 단기 노동력에 의한 이질화 경향은 해소되지 못했을 것이다.

일을 가르쳐주고 배우는 과정에서 쉽게 적응하기도 하며 친해지기도 한다. 대면적인 관계 속에서 일의 습득이 이루어지기 때문에 양성공들은 이후에 현장 간부들의 생활과 생각에 쉽게 흡수되기도 한다.

> 일은 기계를 보는 사람 뒤에 쫓아 다니면서 배우기 때문에 이후에 친하게 되죠. 나는 양성공들에게 열심히 잘 가르쳐줘요. 그래서 나중에 우리 부서에 배치가 되면 그 사람은 내 편인 거지.　　　　　　　　　　　　　　　　　〈사례 3〉

이와 같이 노동 과정에서 서로 돕고 의존하는 과정은 자연스럽게 여성들 간의 단결을 증진시키는 작용을 한다. 여성 노동자들과 달리 남성들은 감독자의 역할을 하거나 기계를 고치는 기사, 힘을 요구하는 일을 맡게 되는데 여성 노동자들과는 독립된 일을 수행하며 남성들끼리도 각기 다른 영역의 일을 맡고 있기 때문에 그들 사이에는 여성 노동자들 사이에 보여지는 결합력이 보이지 않는다.

훈련 과정이 여성 노동자들 사이에서 이루어지기 때문에 신입 여성 노동자들은 현장의 감독자인 담임보다도 고참 여성 노동자와의 관계가 더 친밀하며 이 여성에게 실질적인 권위를 부여한다. 이러한 구조는 삼엄한 감시망 속에서도 파업 계획에 대한 전달을 양성공들이 맡을 수 있도록 하였다. 양성공들은 한 장소에 고정되어 있는 것이 아니라 이 부서 저 부서로 옮겨 다니며 부족한 일손을 돕는다거나 빗자루를 들고 청소를 하는 일이 주 업무이기 때문에 연락병의 역할을 맡기에는 안성맞춤인 것이다.

이러한 여성 노동자들 간의 관계는 양성공과 기능공 간의 관계뿐만이 아니라 동료들 간의 관계에서도 보여진다. 여성 노동자들이 맡고 있는 일의 성격은 극히 동질적인 성격을 띠며, 일정한 기능을 익히고 나면 반복적이고 지루한 노동인 것이다. 따라서 아무리 현장의 기계 소리가 시끄럽다 하더라도 일 틈틈이 동료들과 이야기도 하며 장난을 치면서 지루함을 달랜다.

> 야간일이 힘들긴 힘들어도 재미있었어요. 식당에 몰래 가서 누룽지, 무, 두부를 훔쳐 와서 먹기도 했어요. 어찌나 맛이 있었는지 몰라요. 그리고 졸리기도 하죠. 화장실에 가서 이야기를 하기도 하고 너무 졸리면 아예 신문지 깔아놓고 잠을 자고 다른 사람은 망을 보기도 하죠. 보통은 한 사람이 2대의 기계를 보니까 한 라인에 혼자서 일을 하게 되는데, 그러면 옆

에 있는 동료의 모습이 안 보이는 구조예요. 오로지 기계와 나만 있는 거죠. 하지만 한 바퀴 횡하니 돌고 다른 라인에 가서 실컷 이야기하다가 다시 내 자리로 오곤 하지요. 〈사례 7〉

이와 같이 여성 노동자들의 일의 성격은 동일하기 때문에 서로 도와주면서 쉬기도 하고 놀기도 한다. 옆의 동료의 일을 대신 해주기도 하며 일이 밀렸을 경우에는 모두 도와서 일을 처리한다. 이러한 과정은 자연스럽게 일하는 과정에서도 인간관계가 중요한 것으로 부상되며 서로 간의 친밀한 관계를 형성하게 한다.

제4장 생산의 사회적 관계

4 생산관리 체계와 노조 대표 체계 간의 일치

　앞에서 보았듯이 노동 통제는 현장감독과 중간관리자에 의해
서 이루어지며 이들이 현장에서 행사할 수 있는 권위는 대단한
것이었다. 그 때문에 노동조합 측에서 조직화를 할 때 이 계층
에 있는 사람들을 얼마만큼 조직화의 핵심 계층으로 흡수해내
느냐가 매우 중요한 관건으로 등장하는 것이다. 그렇다면 현장
의 간부들이 일반 노동자들과의 이해관계에 있어서 어떤 위치
에 있는지 살펴보는 것이 필요하다.

　1972년 당시 임금 체계를 살펴보면 여자 양성공의 일당은
140원으로서 잔업과 휴일 특근을 해도 월급 5천 원 정도에 지
나지 않았다. 여기에 비해 기능공의 평균 일당은 321원 수준이
었다. 지도공이나 부반장, 반장이 되면 하루 일당 정도의 직책
수당을 더 받게 되며 현장을 돌아다니면서 작업이 진행되는 상

황을 감시했기 때문에 육체적으로 좀 더 자유롭다는 특혜가 있다. 보통 지도공이 되기 위해서는 4~5년 정도의 경력이 요구되고 반장이 되기까지는 최소한 7년 이상의 경력이 요구된다. 여성 노동자 중 중간 관리층과 일반 노동자 사이는 실질적인 이해관계가 대립되는 구조는 아니지만 현장 내에서 한 측은 작업을 지시하는 입장이고 다른 측은 그 지시에 따라야 하는 입장이기 때문에 이들 간의 관계는 매우 엄격하다고 할 수 있다.

그러나 이러한 조건에도 불구하고 동일 업종의 다른 사업장보다 훨씬 열악한 노동조건은 중간 관리층이 적극적으로 민주노조 운동에 동참하게 되는 계기를 제공한다. 당시 동일 업종인 경남모직이나 대한모방에서는 기능공이 평균 일당 450원을 받았기 때문에 원풍모방의 기능공들은 무려 30%나 낮은 저임금으로 일하고 있었다. 또한 회사는 연말에 한 번씩 주던 상여금을 2년 동안 한 푼도 지급하지 않았고 10분을 지각하면 1시간 30분에 해당하는 임금을 깎아버리는 관례와 "제반 사규를 준수하고 명령에 순종한다"는 내용과 "만일 3년 이상 근무하지 않을 경우에는 입사 때부터 퇴사 때까지 무료로 제공하는 중식대를 공제해도 하등 이의 없이 순종한다"는 내용의 서약서를 이미 입사한 노동자 전원에게 받고 있었다. 회사 측은 '10% 원가 절감'이라는 구호를 내걸고 1년에 2벌씩 주던 작업복을 2년에 1벌씩으로 줄여버리고 작업화, 작업 소모품은 각자가 사서 사용하지 않으면 안 되었으며, 퇴직금은 퇴직 후 6개월 이후에 지급해도 좋다는 내용의 합의서까지 노동자들에게 받아냈다.[7] 그 당시 불렀던 노래에서 "열두 시간 노동해도 냉면 한 그릇 못 돼, 근로조건 개선하자"라는 구절이 있다. 2교대로 12시간씩 일을 했던 상황에서 하루 노동의 대가가 냉면 한 그릇 값이 못 되는 현실이 어용 노동조합의 묵인하에 자행되고 있었다.

그러나 조금만 더 깊게 들여다보면 단지 동일 업종 타 기업에 비해 노동조건이 열악하다는 이유만으로 중간 관리층의 여성 노동자들이 민주노조 운동에 참여한 것은 아니다. 구체적인 이해관계의 대립을 형성시키는 계기가 있었던 것이다. 당시 한국모방(원풍모방)은 여성 노동자들이 사표를 내도 퇴직금을 주지 않았다. 사표를 냈던 여성들은 주로 결혼을 앞둔 여성들이었는데 결혼 비용으로 사용해야 할 퇴직금을 주지 않으니 불만이 쌓일 수밖에 없었고, 게다가 매달 받는 급여 중 남는 돈을 예수금이라고 하여 회사에 위탁시켜놨는데 이것도 돈이 없다는 이유로 지급하지 않았다. 이것은 사표를 낸 여성 노동자들의 문제이지만 이 문제가 해결되지 않았기 때문에 사표를 내고 싶은 다른 여성 노동자들도 사표를 낼 수가 없었던 것이다. 사표를 낸 여성 노동자들이나 사표를 내고 싶은 여성 노동자들이나 이러한 문제에 공통의 불만을 공유하고 있었다. 사표를 낼 여성 노동자들은 대부분 생산관리 체계에서 간부급들이 많았고 이

---

7   원풍모방 해고 노동자 복지투쟁위원회, 앞의 책, 39쪽.

생산관리 체계와 노조 대표 체계 간의 일치

125

러한 여성들은 나이 어린 여성들보다도 불만을 훨씬 심각하게 가질 수밖에 없었다.

게다가 관리자들의 관리 방식은 이러한 불만을 더욱 자극하는 방향으로 행해졌다. 남자 관리자들이 기록 장부를 들고 현장을 돌다가 조장이나 반장이 잘못하면 그 장부로 때리는 것은 예삿일이고 욕설을 퍼붓는 것도 자주 있는 일이었다. 이러한 관행은 중간 관리층의 여성 노동자들이 관리자들이 아닌 일반 여성 노동자들과의 이해관계를 더 공고히 하는 방향으로 나아가게 만들었다.

이러한 계기에 기반하여 이전부터 JOC 소모임 활동을 했던 여성들이 김연순, 송옥순, 정춘녀, 조화순, 이순애, 조삼년 등이다.[8] [표 6]의 부당 징계자 명단을 보면 이 여성들이 모두 조장과 부조장, 지도공이었음을 알 수 있다.

동종의 타 기업에 비해서 훨씬 열악한 노동조건과 퇴직금을 계기로 한 구체적인 이해관계의 대립 형성, 남자 관리자들의 비인격적인 태도, 소모임을 통해 의식화된 여성 노동자들의 존재. 이러한 조건에 의해서 민주노조의 핵심 계층은 주로 현장의 반장이나 지도공들에 의해서 조직되었다. 민주노조 탄생 시에 핵심 간부들을 살펴보면 대부분이 현장 간부급임을 알 수 있다. 1972년 어용노조에서 민주노조로 바뀌자마자 회사 측에

---

8 위의 책, 41쪽.

제4장 생산의 사회적 관계

서는 보복적인 탄압으로 징계자 명단을 발표했는데 징계자의 직위를 살펴보면 조장, 부조장, 지도공들이 많음을 알 수 있다.

[표 6] 원풍모방 부당 징계자 명단[9]

일자	성명	직위	징계 내용
8.17	조삼년	조장	해고
8.18	장이권 장대권	임시공 임시공	해고 해고
8.19	이상숙	대의원, 지도공	직위해제
	김연순	대의원, 부조장	후방에서 식당으로 부서 이동
	권경숙	부녀차장, 부조장	〃
	유월순	대의원, 지도공	〃
	최정숙	대의원, 지도공	〃
	마명숙	조합원, 지도공	가공반에서 주전으로 이동
	정삼범	총무부장	직포에서 창고로 부서 이동
	방용석	교선부장	개발에서 전방보전 부서 이동
	김갑준	부지부장, 조장	〃
	장복진	조직차장, 부조장	직위해제
	임지순	대의원, 기장	〃
	차윤수	대의원, 부조장	〃
	강순례	부녀부장, 조장	해고
8.20	이정우	대의원, 총무반장, 반장	권고사직
8.21	김안기	중대장	해고
	이한규	경비원	해고
	송옥순	대의원, 지도공	〃
	박정희	대의원, 지도공	직위박탈
	조영순	교선차장, 부조장	직위해제
	이문희	회계감사	가공에서 창고로 부서 이동

---

9 위의 책, 61~62쪽.

	명선옥	총무차장, 기장	부서 이동 후 해고
	나연자	교선차장, 조장	〃
	김문자	교직부장, 조장	〃
	김명숙	대의원, 지도공	부서 이동 후 해고
	나승열	조합원	권고사직
	김영해	조사통계부장, 조장	후방에서 식당 부서 이동
	정춘녀	대의원, 지도공	〃
8.22	김영금	조장	〃
	안중자	대의원, 지도공	〃
	김정순	〃	후방에서 전방보전 부서 이동
	권중례	〃	〃
	이순애	〃	〃
	간정숙	〃	〃
	조성애	대의원, 지도공	반이동
	김상분	조합원	전방보전에서 후반보전 이동
8.23	이현숙	대의원, 조장	반 이동
8.28	강귀자	대의원	〃

40명의 징계자 중에서 현장에서 조장, 부조장, 지도공이 30명이었으니 생산관리 체계와 노조 대표 체계가 거의 일치한다는 사실을 알 수가 있다. 이들은 보통 현장에 들어온 지 1~2년 정도 되는 사람들을 관리할 수 있는 위치에 있으므로 막강한 영향력을 행사할 수 있었다. 작업 상태에 대해서 누구보다도 잘 알고 있는 이들이 노조의 핵심 간부로 등장하면서 치밀한 조직 관리가 이루어질 수 있었다. 이러한 과정에서 무엇보다도 중요한 것은 기존에 이루어졌던 대리 통치의 구조를 교육과정과 투쟁을 통해서 근본적으로 변화시켰다는 데 있다.

기존에는 직무 구조에서 반장, 부반장, 지도공에 대한 임명

권이 담임에게 있었다. 그러나 노조에서는 이러한 관행에 대한 지속적인 문제 제기를 통해서 입사 순서에 의해 자동적으로 이루어지도록 구조를 바꾸었다. 이에 따라 담임의 권한은 상당히 축소되어버렸고 반장이나 지도공들도 사고 처리를 책임진다거나 일을 가르쳐주는 역할만을 담당하게 되었다.

일의 배치에 대한 권한도 배제되어버렸다. 즉, 기계마다 공정이 다르기 때문에 일의 성격도 다르다. 다른 일에 비해 비교적 쉽고 깨끗한 공정이 있기도 하고, 상대적으로 신경을 많이 써야 하는 공정도 있다. 그렇기 때문에 주기적으로 일의 배치를 바꾸지 않으면 상당히 불만이 쌓일 수 있다. 기존에는 이러한 일의 배치에 관한 권한이 지도공들에게 전적으로 주어졌고 지도공들에게 잘 보이면 쉬운 공정을 계속 맡을 수가 있었다. 하지만 이것 역시 순번을 정해서 교대로 일이 배치되기 때문에 지도공의 권한도 제한되었다. 또한 기존에는 사람을 부를 때나 작업을 지시할 때 호루라기를 사용했는데 교육과정을 통해서 호루라기로 사람을 부르는 것은 인격적인 차원에서 거부감을 주기 때문에 사용하지 않는 방향으로 분위기가 조정되었다. 이러한 변화는 생산관리 체계 내에서의 간부와 노조 간부로의 역할 간에 갈등을 유발하기도 한다.

노조 교육을 통해서 '반장이라고 꼭 말을 들을 필요는 없다'라고 하면서 양성공들의 기를 많이 살려주었죠. 그런데 이

런 교육을 많이 시키니까 직수들이 말을 안 듣더라구요. 노동
조합 상집 간부이면서 반장이니까 어느 입장에서 이야기를
하는 것인지 직수들이 잘 모르고, 상집 간부의 입장에서 이야
기하는 것으로 듣고 '왜 노조 간부가 이러냐'고 대들어요. 그
러면 차라리 완장을 빼고 이야기하겠다고 하면 '그래도 당신
은 반장인데' 이런 경우가 많았어요.　　　　　　　〈사례 3〉

　여성 노동자들은 생산관리 체계에서의 직책보다도 오히려 노
동조합 간부에게 더 많은 권위를 부여하였다. 반장이나 조장은
일을 하는 과정에 있어서 위계적인 관계를 의미하기 때문에 일
반 여성 노동자들에게는 반장의 직책에 일정 정도 저항 의식을
갖고 있었다. 이러한 조건은 현장 내에서 노동조합 간부의 역
할을 증대시키기도 한다.

　　현장 내에서 일을 게을리하거나 결근, 조퇴, 자리를 많이
　　뜨면 노동조합 간부에게 정말 혼났어요. 반장은 아무 말 안
　　하는데 대의원이 불러서 '현장에서 게을리하면 그게 노동조
　　합 책잡히는 일이다' 그러면서 얼마나 혼이 나는지 대의원들
　　에게 꼼짝도 못 했어요.　　　　　　　　　　　〈사례 6〉

　이와 같이 노동자들은 현장에서 중간관리자의 불필요한 권위
를 인정하지 않게 되었고 생산관리 체계와 노조 대표 체계 간
의 일치는 회사의 위계적 통제의 영향력을 약화시켰다. 기계

적 통제의 한계는 중간관리층을 통한 위계적 통제에 의한 생산 관리로 보완이 되었지만, 이 계층이 민주노조의 핵심 계층으로 나섬에 따라서 회사 측의 통제권은 극도로 제한되어버렸다.

5 저항 전략으로의 생산량 감축 운동

훈련 과정을 통해 형성된 여성 노동자들의 연대에 기반하여 생산관리 체계와 노조 대표 체계의 일치는 민주노조의 저항 전략을 성공시키는 중요한 기반이 되었다. 국가보위법으로 단체교섭권과 단체행동권이 제약되었던 당시 상황에서 노동자들은 저항 전략으로서 주로 준법운동을 택하게 되었는데, 연장근로나 휴일근로 거부, 생산량 저하, 불량품 생산, 각 부서 및 작업별 집단휴가 내기, 중요 부서 근무자 결근하기, 중식 거부, 화장실 자주 가기 등이 있다. 이 전략은 각 부서 간의 긴밀한 연계가 요구되며 강력한 조직력을 기반으로 이루어진다. 이러한 방법 중 생산량 감축 운동은 원풍노조에서 중요한 저항 전략으로 노동자들의 요구를 성공적으로 관철시키게 했다. 이것이 이루어졌던 조건과 과정을 살펴보면 다음과 같다.

생산량 감축 운동 전략은 생산기술의 특성 및 노동 과정의 기술적 토대에 기반하였다. 즉, 모든 공정이 기계에 의해 진행되지만 기계가 모든 생산량과 속도를 전적으로 통제하는 것은 아니다. 모방직 공정에 투입되는 인원 중 거의 반 이상이 방적 공정과 직포 공정에 밀집되어 있는데, 이 공정이 원활하게 진행되기 위해서는 노동자들의 관리와 통제가 필요했다. 노동자들은 기계의 앞뒤에서 제품을 집어 넣어주고 받아내고 실을 이어주는 작업을 지속적으로 해야 한다. 여성 노동자들의 민첩한 손놀림과 숙련도가 없다면 원하는 생산량을 도출하기 어려운 기술적 토대를 가지고 있었다.

이러한 노동 과정은 기계에 의한 자동화 공정이 완전히 전 공정에서 이루어지지 않고 있으며 공정 사이에 수작업의 틈이 계속 남아 있음을 의미한다. 그러므로 이 공정의 틈을 메우는 여성 노동자들은 의도적으로 생산량을 낮출 수 있는 가능성을 갖게 된다. 그러나 생산관리 체계의 간부들이 노조 대표 체계의 간부로 활동하지 않았다면 이러한 가능성을 저항 전략으로 실현시키기는 상당히 어렵다.[10] 원풍모방에서 이 두 가지 조건

---

10 석정남의 수기를 통해서 동일방직의 경우는 생산관리 체계의 간부들이 노동운동에 참여하지 않음에 따라서 산업선교에 참여하는 일반 여성 노동자들과의 갈등이 작업장 안에서 첨예하게 나타남을 알 수 있다. 산업선교에 다니지 말라는 담임의 말을 끝까지 거부했던 한 여성 노동자에 대한 반장과 조장의 태도를 보면, "작업 시간에 연봉

의 결합은 가장 중요한 저항 전략으로 준법운동을 선택하게 만든다.

태업은 단체교섭권과 단체행동권을 행사할 수 없었던 1970년대 상황에서 법망을 피하면서 사용자에게 커다란 타격을 주는 운동 방식이었다. 1975년 하기휴가를 추석절 휴무에 포함하여 실시한다는 회사 측의 일방적인 조처에 조합원들은 즉각적으로 연장 작업을 거부하고, 생산량을 하루에 10%씩 감소하기 시작하여 회사 측의 조처를 철회시킨 일, 1974년 조합원 집단해고에 대한 반발로 연장 작업이 거부되고 생산량을 절반 이하로 떨어뜨려서 결국은 사건 발생 10일 만에 복직을 시킨 일, 1975년 회사 측의 단체협약 개정 요구안에 반대하는 저항 전략으로 특근 및 연장근로 거부와 태업을 시작하여 굴복시킨 일 등이 그것이다. 1976년 임금 인상 투쟁에서도 마지막 수단으로 전 조합원들이 연장 근로 거부와 생산량을 감축하는 준법운동에 들어갔고 회사 측에서는 새로운 안을 제시하면서 준법운동을 철회해달라고 요청을 해왔다. 생산량 감축 운동이 회사 측

이 자리를 건너다 보면 내 눈까지 아찔해질 정도로 틀이 완전히 정지 상태였다. 그것은 연봉이가 일을 못하기 때문이 아니었다. 새로 들여온 실험용 직기에서 연봉을 일하게 한 것이다. 그런 곳에서 땀에 흠빡 젖은 채 이리 뛰고 저리 뛰는데 조장 반장은 호각을 획획 불어대며 금방이라도 주먹으로 내리칠 듯 험상궂게 노려본다." 앞의 책, 36쪽.

과의 교섭에서 우위를 점할 수 있게 해주었던 것은 당시 생산품이 내수 위주이기보다는 수출 위주로 이루어졌기 때문이다. 수출 계획에 맞추어 계획량을 생산하여 수출해야 하는 긴급한 상황 속에서 만약 회사가 수출 납기를 이행하지 못할 경우 무역 거래국과의 신용도는 물론 손해배상 문제까지 걸려 있기 때문이다.

그렇다면 각 공정에서 어떠한 방식으로 태업이 이루어졌는지 살펴보자.

방적 공정

전방 공정의 경우, 각 기계마다 전 단계의 공정을 마친 상태의 원료를 기계 뒤에 집어 넣어서 평편하게 다지는데 정상적으로는 기계가 돌아가는 상태에서 그 작업을 해야 한다. 하지만 태업을 할 경우에는 기계를 세운 상태에서 천천히 원료를 넣고 다시 기계를 가동한다. 또한 가공된 원료가 나오면 기계를 세우지 않고도 받아낼 수가 있는데, 태업 시에는 기계를 세우고 작업을 한다. 일정한 간격으로 계속 원료를 집어 넣어야 하는데 그때마다 기계를 세우고 다시 작업을 시작하기 때문에 생산량은 떨어질 수밖에 없다.

이외에도 일부러 기계의 부품 하나를 뽑아서 고장이 나게 만든 후 보전실의 기사를 불러와 고치게도 하며, 혼자 충분히 처리할 수 있는 기계 고장에도 기사가 와서 처리를 하게끔 한다. 한 노동자가 3대의 기계를 볼 경우 1대는 세워놓고 2대만 돌리기도 한다. 캔(실을 감는 도구)을 사용하는 어떤 기계는 한 번에 100통 이상의 캔을 교체해야 하는데, 한 번 교체할 때 상당히 많은 시간이 필요하다. 보통의 경우는 옆에 있는 사람이 도와주거나 지도공들이 가서 도와주는데 태업을 할 때에는 혼자 하게 내버려두는 것도 생산량을 감축하는 방법이다.

정방 공정에서는 지관에 실이 차면 기계를 끄고 내린 다음 새로 빈 지관을 꼽고 지도공이 검사를 다 하고 지시를 하면 기계를 작동하게 되어 있다. 그런데 태업의 경우에는 지관을 빨리 빼지 않고 그냥 기계를 꺼났다가 한참 있다가 지관을 교체한다. 보통 8시간 동안 두 번 이상을 교체하는데 태업을 할 경우에는 한 번도 교체를 하지 않는 경우가 있다. 정방 공정은 정방기 20대를 독립적으로 가동하며 작업을 진행하기 때문에 기계 1대가 이런 식으로 지연될 경우 평소보다 반 이상으로 생산량을 감축시키는 것은 쉬운 일이라고 한다. 또한 평소에는 기계를 돌리면서도 요령껏 청소를 하는데, 태업을 한다 그러면 의도적으로 기계를 딱 끄고 청소하기도 한다. 기계 청소는 실의 종류가 바뀔 때마다 완벽하게 해주어야만 하지만 같은 종류의 실일 경우에는 지관만 교체해주면 된다. 그런데 태업이 진행되면 똑같은 실일 경우에도 청소를 전부 하여 시간을 지연시킨다. 때로 기계가 고장 나면 기사를 불러야 하는데 안 부르고 기계를 그냥 세워두기도 한다.

정사 공정에서는 각 공정마다 방식이 다르다. 권사 공정에서는 실이 끊어져도 이어주지 않고 놔둔다. 여기에서는 실이 감겨서 불 날 일이 없으니까 이런 방식으로 시간을 조절한다. 합사는 생산량 조절이 가장 어려운 공정이다. 합사는 일정 정도 잠기면 목관을 교체해주어야 하는데 기계를 한 번 작동시키면 계속 돌아가기 때문에 교체하는 데 시간 지연이 어렵다. 그러나 연사는 기계 조절이 가능하다. 그래서 주로 꺼놨다가 다시 일을 하기도 하고 청소한다고 기계를 세울 수도 있다. 그리고 청소를 오래 하면서 시간을 보내기도 한다. 기계 청소는 일괄적인 통제에 의해서 이루어지는 것이 아니라 기계를 맡은 노동자가 자율적으로 하게 되어 있다. 특히 면방적 공정과 달리 모방적 공정은 다품종 소량 생산이기 때문에 실의 굵기도 다양하고 원료도 순모, 폴리에스터, 나이론, 아크릴 등 다양한 섬유를 이용한다. 이에 따라서 실의 종류가 바뀔 때마다 기계를 청소하고 조정해야 하며 이러한 준비 공정에 요구되는 시간을 이용할 수 있다. 한 노동자가 보통 4대 반 정도의 기계를 보기 때문에 1대는 꺼놓고 일을 하기도 하고 실 자체를 빼놓고 빈 관사만 끼워 넣기도 한다. 연사기의 경우 사람이 기계 사이사이에 들어가서 일을 하기 때문에 밖에서 보면 사람이 잘 안 보인다. 이러한 특성 때문에 빈 관사만 끼워놓으면 밖에서 보아도 일을 하고 있는 것으로 보이는 것이다.

방적 공정에서의 태업은 주로 기계의 가동과 정지가 노동자의 판단에 의해서 이루어진다는 조건과 생산하는 실의 종류가 다양하여 기계를 청소해야 하는 경우가 많다는 조건에 기반하여 이루어진다. 각 공정마다 기계의 특성에 따라서 태업의 방식도 다르고 수월함의 정도는 다르지만 여성 노동자들의 수작업이 생산량을 결정적으로 규정하고 있음을 알 수 있다.

직포 공정

직포 공정에서 수작업이 요구되는 부분은 실이 끊어지면 잇기, 북 갈아주기, 바닥 검사하기이다. 태업이 시작되면 여성 노동자들은 실이 끊어져도 천천히 잇게 되고 북을 갈아줄 때도 천천히 한다. 또한 직포 공정에서는 올이 하나라도 빠졌나 세밀히 검사해야 하는데, 이 바닥 검사 작업에서 얼마든지 시간을 지연시킬 수 있었다고 한다. 앞에서와 마찬가지로 기계 부속을 하나 몰래 빼놨다가 기사를 불러 고치게 하면 그 시간 동안은 기계가 멈추게 된다.

여성 노동자들이 보이지 않게 생산량을 조절하는 것은 얼마든지 가능한 일이지만 불량품이 안 나오면서 생산량을 감축시키기 위해서는 긴장하고 신경을 써야 한다. 특히 이러한 운동 방식은 각 부서 간의 긴밀한 협조하에서 이루어질 수 있다. 예를 들면 똑같은 실을 가져와야 할 경우 앞 공정의 부서에 그 색깔의 실의 생산을 지연시키라고 지시를 내리면 이후의 공정에서 계속 늦추어지게 되는 것이다. 신경을 써서 생산량을 감축해야 하기 때문에 오히려 정상적으로 일을 하는 게 더 편했다고 한다. 파업이면 완전히 기계를 꺼버리면 되지만 태업을 하려면 기계는 돌아가는데 생산량을 줄여야 하고 다른 부서와의 연결이 잘 이루어져야 하기 때문에 더 힘들었다는 것이다.

6 남녀 간의 차별화 전략에 의존하는 통치 체계

　한 산업에서 노동운동의 역사는 관리의 역사를 반영한다. 1970년대 여성 중심 사업장 대부분은 수출 정책에 힘입어 급성장한 기업이었고 관리는 오로지 생산력 향상을 위한 채용과 급여 등 기초적인 실무 영역들을 넘어서지 않았다. '수출 증대'라는 목표를 위해서 가능한 저임금, 장시간 노동을 이끌어내는 데만 주력했지 노동조합과의 관계 속에서 관리를 했던 것은 아니다. 노동조합이 만들어지는 것은 어떤 수단과 방법을 사용하더라도 막아야 한다는 의식이 강했고 노사협의라든가 단체협약에 대해서 전혀 알지 못했다.[11] 이에 반해 노동조합은 근로기

---

11 YH무역에서 노동조합이 만들어지고 처음으로 구두로 노사협의를 신청하자 공장장은 "노사협의는 무슨 놈의 얼어죽을 노사협의야? 할

　　　　　　　　　　　　　제4장 생산의 사회적 관계

준법 준수라는 법적 근거와 노동자의 인권 보호라는 일정한 논리를 준비했기 때문에 기업 측은 공식적인 노사 관계에 있어서 밀리는 경우가 많았다.

원풍모방은 1963년에 노동조합이 결성되었지만 노동자들의 지지 속에서 이루어진 것이 아니라 회사 측의 입장을 대변해 주는 어용노조였다. 회사의 지원에 의해 출발한 어용노동조합은 전체 조합원의 이익과는 거리가 먼 것이어서 여전히 현장에서는 담임과 반장의 횡포로 현장 근로자의 인격이 무시되고 있었다. 조합원에 대한 교육은 없었고, 노조 사무실은 일반 조합원, 특히 여성 조합원은 출입할 수 없는 담임급 이상 일부 조합원의 휴게실로 사용되고 있었다. 이와 같이 어용노조 집행부는 다수 조합원의 노동조합이라기보다는 회사와 일부 담임급 조

말이 있으면 내게 해봐"라며 노조의 정상적이고 공식적인 모든 활동들을 인정하려 하지 않았다. 이에 노조는 노사협의 신청 공문을 발송하였는데 이에 대한 반응은 공장장이 지부장을 불러 "야! 너 이따위로 놀 거야? 어디 마음대로 해봐. 한 공장 안에서 공문이나 딱딱 발송하면 다야?" 하고 고함을 질렀다. 이와 같이 회사 간부조차 노동조합에 무지했으며, 이후에 노무과를 신설하고 이 분야에 대해 잘 알고 있는 사람을 밖에서 데려와 노무과장에 앉혔다. 전YH노동조합·한국노동자복지협의회, 『YH노동조합사』, 서울 : 형성사, 1984, 57~59쪽. YH무역뿐만 아니라 대부분 여성 사업장의 사정은 이와 마찬가지이다. 이전에 노사 간의 강한 마찰이 없었던 기업에서는 그만큼 노무 관리에 있어서도 전근대적인 관리에 의존할 수밖에 없었다.

합원들의 노동조합이었다. 그리하여 임금은 타 회사에 비해 훨씬 낮은 데다 조합비는 부당하게 지출되어, 대회 때마다 대의원들에게 지적을 받았다. 현장에서는 쉬쉬하고 있었지만 은밀하게 지부장이 조합비로 술을 사 먹는다는 둥, 집안 살림에 쓰고 있다는 둥, 자신의 장사 밑천으로 빼돌리고 있다는 둥 하는 소문이 공공연하게 떠돌고 있을 정도였다.[12]

회사 측의 입장으로 볼 때 이러한 노동조합은 회사 측의 입장을 대변해주는 기구이자 또 다른 관리기구이기도 하다. 노동조합에 대해서 비난하거나 항의하면 노동조합이 회사에 이야기하여 해고시키는 일은 비일비재하였다. 그렇기 때문에 현장에서 민주노조를 만들기 위한 움직임이 있자 필사적으로 막으려 하였다. 그러한 회사 측의 대응은 치밀한 계획과 준비 속에서 이루어진 것이 아니라 즉각적인 대응이었으며 폭력과 협박에 의한 관리를 시도한다. 그러나 이러한 반응은 오히려 노동자들 간의 단결력과 투쟁성을 증진시키는 계기로 전환하였다.

1972년에 두 차례의 파업 농성이 이루어졌는데 그 계기는 노사 간의 약속을 회사 측이 일방적으로 파기한 데서 출발한다. 첫 번째 파업 농성은 노동조합 정상화 투쟁위원회의 요구가 수용되지 않았기 때문에 일어났다. 즉 회사 측이 직접적인 탄압을 않겠다는 약속을 했으나 회사 측의 방해공작은 계속되었다.

---

12 원풍모방 해고노동자 복지 투쟁위원회, 앞의 책, 32쪽.

회사 측은 조합원의 단결력을 깨뜨리기 위해 두 사람 이상 모이지 말라, 야간 순찰을 강화한다, 화장실에 갈 때에는 반장에게 보고하라는 등 13개 특별사항을 발표하고 본격적으로 조합원에 대한 감시를 강화했다. 이러한 조치들에 조합원들의 불만은 높아졌고 투쟁위원회의 중심인물을 제2공장으로 전출시켜 버리자 조합원들의 분노와 불만은 극한에 이르러, 자연스럽게 파업 농성의 형태로 표출된 것이다. 두번째 파업 농성은 민주노조 탄생에 대한 보복 조치로 노조의 핵심 간부들을 해고, 부서 이동을 한 것을 계기로 시작되었는데, 파업을 단행하는 과정에서 출입문을 봉쇄한 채 수십 명의 사원들이 각목을 휘둘렀고 지부장에 대한 집단 폭행이 이루어졌다. 이에 6백여 명의 노동자들은 공장을 나와 명동성당에서 농성을 진행하였다.

이와 같이 '협박'과 '폭력'에 의한 관리는 노동자들의 가슴속에 자본에 대한 동질의 적개심을 만들었다. 무자비하고 비인격적인 관리는 노동자들이 모두 피해자라는 동질의 이해관계를 형성하게 만들었고 이로 인해 단결해야만 살 수 있다는 믿음을 구축하였다.

이전에는 회사가 맘대로 돌아갔어요. 밤 늦게까지 일을 하게 되면 '오늘 늦게까지 해'라는 말 한마디면 됐으니까요. 그러나 노동조합이 생기고 난 다음부터는 우리가 똘똘 뭉치지 않으면 모든 것을 잃게 된다는 생각이 들었어요. 회사가 일방

적으로 이렇게 하자고 하면 우리는 한 명도 참석하지 않았어
요.   〈사례 5〉

　민주노조가 만들어진 1972년 당시 원풍모방의 관리 방식 특
징들을 살펴보면 우선 군대식의 관리 방식에 기반하고 있다.
1970년대 초 청와대 경호실 차장을 지낸 바 있는 군인 출신이
대표이사로 오면서 사무직 사원들에 대한 대폭적인 경질을 단
행하고 자신의 동향인과 친지들을 대거 입사시켰다. 그는 노동
조합에 대한 이해나 협력의 의사를 찾아볼 수 없는 대단히 권
위주의적인 인물이었다. 경영진들이 회사의 돈을 빼서 정치자
금으로 돌리는 바람에 경영 악화가 초래되었고, 회사의 운영
방식은 권위주의적인 방식에 의존하였으며, 이러한 관료적인
억압 체계는 현장에까지 반영되어 이전보다도 노동 강도는 심
화되고 근로조건은 나아지지 않았다. 경영진들은 단기적인 생
산성 향상을 위해서 '내리누르기식'의 경영 관리와 통치 체계를
유지하였던 것이다. 실질적인 생산을 담당하고 있는 여성 노
동자들이 전체의 85~86%를 차지하였기 때문에 원풍모방에서
는 여성 노동자들을 어떻게 관리하느냐가 생산성을 향상시키
는 핵심이었다. 하지만 관리의 방식을 보면 현장에서 실질적으
로 여성 노동자들을 관리하는 중간관리자 여성 노동자들에게
주는 물질적 혜택이나 유인은 아주 미미한 것에 불과하며 오히
려 남자 관리자에 의한 단순 인격적인 통제에 기초해 있음을

알 수 있다. 즉, 남녀 간의 차별화 전략에 의존하는 통치 체계가 중심을 이루었다. 이는 노동력의 특성에 기인하기도 한다. 농촌에서 갓 올라온 미혼의 어린 여성이라는 특성은 무조건 엄한 규율과 협박에 의해서도 말을 잘 들을 것이라는 통념을 갖게 만들었을 것이다. 또한 노동자 저항이 없었던 산업의 역사는 단순 통제에 기초한 관리 기술 이외의 것을 발달시키지 않았다. 이러한 조건은 한편으로 노동자들의 저항을 증대시키는 요인으로 등장하기도 하며 민주노조의 조직력을 확장시킬 수 있는 틈을 제공하기도 했다.

제5장

일상생활의 연결망에 의한 단결력

앞장에서는 생산을 둘러싼 여성 노동자들 간의 관계와 자본과의 관계에 대해서 살펴보았다. 여성 노동자들은 노동 과정에서 강하게 결속하게 되고 이를 기반으로 저항 전략을 성공적으로 수행하였다. 그러나 이러한 단결력은 단지 생산을 둘러싼 여러 관계들에 의해서만 규정되는 것은 아니다. 이 영역을 넘어서 집단적인 일상생활의 경험은 여성 노동자들의 단결력을 증대시키는 중요한 조직적 자원으로 등장한다. 작업장에서의 경험뿐만이 아니라 일상생활의 경험에 대한 강조는 이미 홉스봄(E. Hobsbawm)에 의해서 지적된 바 있다. 그는 계급이란 다양하고 복합적인 사회과정을 거쳐 문화적으로 형성되는 주체적 존재라고 보기 때문에 이러한 형성 과정에서 작업장은 물론 '생활 공동체'에서 겪는 '일상생활의 경험'이 크게 작용한다

고 본다.[1] 여성 노동자들의 일상생활이 조직화 과정에 있어서
중요한 관계망을 형성했다는 카메론(Cameron)[2]이나 삭스(Sacks)[3],
서형실[4]의 글을 통해서 생산 영역뿐만이 아니라 여성들의 일상
생활의 연결망은 여성들의 연대 의식을 형성하는 중요한 자원
임을 지적하고 있다.

그러나 일상생활의 연결망이 곧바로 단결력을 형성·강화하
는 조건으로만 등장하는 것은 아니다. 유럽의 노동운동에서 미
숙련노동자, 육체노동자, 여성 노동자의 저항이 없었던 조건
중에 하나로 지적하고 있는 것은 바로 사택(社宅)과 연금, 보험
제도의 제공이다.[5] 이러한 사실은 일상생활의 연결망이 단결력

---

1 이수인, 「노동 계급 형성론에 대한 일연구」, 『노동계급 형성이론과
   한국 사회』, 서울 : 문학과지성사, 1990, 68~69쪽.
2 Ardis Cameron, "Bread and roses revisited : Women's culture and work-
   ing-class activism in the Lawrence strike of 1912". Ruth Milkman(ed),
   Women, Work and Protest. London : RKP, 1985.
3 Karen Brodkin Sacks, "Computers, Ward Secretaries, and a Walkout in
   a Southern Hospital", Karen Brodkin Sacks and Dorothy Remy(ed), *My
   Troubles Are Going To Have Trouble With Me*, New Brunswick, New
   Jersey : Rutgers University Press, 1984.
4 서형실, 「식민지 시대 여성 노동운동에 관한 연구」, 이화여자대학교
   대학원 여성학과 석사학위 논문, 1990.
5 Dick Geary, *European Labour Protest 1848-1939*, London : Croom-
   Helm, 1981, pp.74~80.

을 강화하는 조건임과 동시에 통제의 조건이 될 수 있음을 의미한다. 문제는 일상생활 자체의 중요성이라기보다는 비공식 관계망의 내용에 있다. 그 내용은 개개인의 정서를 만족시키는 차원에서 머무를 수도 있으며 이것이 특정한 상황에서 저항의 형태로 표출되는 조건이 될 수 있다.

1970년대 산업화 과정에서 여성 노동자들은 기숙사를 중심으로 집단적인 생활을 하였다. 이러한 조건은 기업의 통제수단이기도 하며 동시에 여성들의 연결망을 지속시키는 데 도움이 되었다. 이 장에서는 기숙사를 중심으로 여성들의 일상생활을 살펴보고 이러한 조건이 조직화하는 데 있어서 어떠한 효과를 지니는지 알아본다. 또한 여성 노동자들이 여가를 어떻게 보냈고 그 의미는 무엇이며, 이것이 단결력을 증진시키는 데 어떤 식으로 작용했는가를 살펴보도록 하겠다.

1 강한 자매애를 형성하는 장소, 기숙사

원풍모방에 노동자 기숙사가 설립된 시기는 1964년이다. 생산량의 증대에 따라 시설이 확충되고 필요한 노동력 역시 증대하였다. 당시 노동력은 농촌에서 올라온 미혼의 여성 노동자가 대부분이었기 때문에 기업 측에서 기숙사 설립이 노동력 확보의 기본적인 조건이었던 것이다. 당시 현장 노동자는 약 600여 명이었는데 회사의 꾸준한 발전으로 1967년에는 기숙사를 신축하게 되어 900여 명의 여성 노동자를 수용하게 되었다. 기숙사의 신축과 더불어 공단 주변에는 원풍모방에 다니는 노동자들을 상대로 한 개인 기숙사와 자취방들이 밀집하기 시작하였다.

원풍모방을 중심으로 자취방들이 밀집되어 있고 돈보스꼬회관[6] 이외에 특별한 문화적 시설이라고는 없었다. 자취방 건물은 보통 한 집에 10가구 이상이 살았고, 방은 작은 옷장 하나 놓고 누우면 더 이상 여분의 공간이 없을 정도로 비좁다. 흔히 벌집이라고 칭하는 곳이다. 그러나 이러한 시설이나마 자취를 할 수 있었던 여성 노동자는 상대적으로 경제적 여유가 있는 편이다. 방세도 만만치 않은 데다가 전기세, 수도세, 부식비 등 지출해야 할 비용이 많이 들기 때문이다. 대부분의 여성 노동자는 기숙사에 들어가기를 원했지만 사람이 밀려 있을 때는 한 달 내지 두 달 정도가 지나야 자리가 나기도 했다.

기숙사는 3층 건물로 1층에 20개의 방, 2층과 3층에는 각각 23개의 방이 있었다. 1층에는 200~300명 정도의 인원을 수용할 수 있는 강당이 있으며, 목욕탕과 다리미실이 있다. 각 층은 3교대 작업이라는 작업 특성에 의해 배치되는데 1층은 A반, 2층은 B반, 3층은 C반이 배치된다. 작업 시간은 6시~2시, 2시~10시, 10시~6시 세 차례 교대되며, 일주일 단위로 바뀌게 되어 있다. 작업이 시작되기 1시간 전에 벨이 울리면 여성 노동자들은 작업복으로 갈아입고 일렬로 줄을 서서 작업장으로 들어간다. 한 방에 12~16명 정도의 인원이 배치되는데 캐비닛 정도가 시설의 전부이다. 상당히 비좁은 공간이기 때문에 특히 여름에는 어려움이 많다.

---

6 돈보스꼬회관은 원풍모방에서 걸어서 10분 정도의 가까운 거리에 위치해 있으며 조합원 교육의 장소로 가장 많이 이용된 장소이다.

언니 여름이 없으면 좋겠어요. 겨울엔 기숙사가 참 좋은데 여름엔 정말 못 살겠어요. 현장도 푹푹 찌지, 이러다간 사람이 삶아져버릴것 같아요. …10여 명 이상 되는 사람의 열기에 선풍기 하나 없는 방은 너무나 덥다. 정말 홧증이 난다. 잠들려고 애쓰는 것이 스스로 속상하다. 아예 잠들 것 포기하고 기계 앞에서 쓰러지는 편이 낫겠다는 생각이 들 정도다.[7]

시설의 미비뿐만 아니라 기숙사에서 제공하는 불충분한 식사만 먹어야 하기 때문에 노동자들은 자취하기를 원했다.

이러한 기숙사 운영의 효과는 여성 노동자들이 최저비용으로 생활할 수 있게 함으로써 저임금으로 인한 불만을 완화시켜준다는 데 있다.

제가 77년에 입사를 했는데 당시 12시간 일을 하고 일요일도 일을 하고 3만 5천 원인가를 받았어요. 그러면 500원만 쓰고 나머지는 집으로 보냈어요. 시골에서는 현금을 만져보기 어렵기 때문에 굉장히 크게 느껴지고 신기하기도 했어요. 500원이 남으면 그것으로 세숫비누하고 치약 정도만 샀죠. 군것질은 상상도 못 했고……　　　　　　　　　〈사례 6〉

7　장남수, 앞의 책, 40쪽.

이 노동자처럼 대부분의 여성 노동자들은 현금을 만져볼 수 있다는 것만으로도 자신의 노동에 대한 대가에 정당성을 부여한다. 가족들에 대한 부양의 짐은 자신의 생활을 최소한의 것으로 만들며, 이 최소한의 것이 가능했던 것은 바로 기숙사라는 공간이 있었기 때문이다. 이러한 조건은 여성 노동자들이 돈을 벌기 위해서 서울로 오게 만드는 유인책이기도 하다. 결국 저임금으로 풍부한 노동력을 확보해주는 중요한 조건이 바로 기숙사인 것이다.

노동력 공급 체계로의 기능 외에도 기숙사는 노동자들의 통제를 용이하게 해준다. 기숙사의 엄격한 규율은 노동자들의 생활 영역을 규제하는데, 일주일에 외출이 세 번으로 제한되고 잠깐 밖에 나갔다 오는 것도 외출로 취급된다. 외출했을 때는 10시까지 기숙사로 돌아와야 하며, 어겼을 경우에는 일주일 동안 외출이 금지되는 벌칙을 받는다. 외박은 일주일에 한 번, 토요일과 일요일에 가능하고 이를 어기면 벌칙으로 한 달간 외박이 금지된다. 기숙사가 공장 내에 위치하고 있기 때문에 여성 노동자들에 대한 감시는 사감뿐만 아니라 경비실에서 동시에 이루어진다. 경비실에서 나가고 들어오는 시간과 횟수를 정확히 기록하여 기숙사 사감에게 넘긴다. 기숙사생에 대한 철저한 통제는 다음 날 생산에 차질이 없도록 하는 것이 우선적인 목적이다. 생산을 하는 데 지장이 없을 정도의 충분한 수면을 위해서 11시면 강제 소등을 한다거나 복도에 나와서 돌아다니는 것을 철저히 감시한다. 또한 출근 시간이 되면 집단적으로 줄을 서서 작업장으로 가기 때문에 지각이나 무단결근을 막을 수가 있다.

이러한 집단적인 통제는 노동자들의 집단행동이 있을 경우 기숙사를 중심으로 한 협박과 감금으로 이어진다. 다음은 1972년 민주노조를 만드는 과정에서 기숙사가 협박의 수단으로, 감금을 용이하게 만드는 곳으로 이용되었음을 알 수 있다.

> 이러한 살벌한 분위기 속에서 기숙사 사감은 수용인원 9백 명 가운데 4백 명을 퇴사시키겠다고 위협하면서 노조 탈퇴와 회사 명령 복종을 강요하기도 하였다. …사원들 수십 명이 여자 기숙사로 올라간 것이었다. 기숙사생들이 출근할 기미가 보이지 않자 강제력을 동원하여 출근을 시켜보려는 계획이었다. …기숙사 66개의 방 중에 출근한 20개의 방을 제외한 46개의 방은 하나같이 방 안에서 철사줄로 문을 걸어 잠그고 있었다. 이제 작업 중에 있는 조합원들만 퇴근하면 되는 것이다. …기숙사에는 9백여 명의 조합원들이 식사도 하지 못한 채, 외출자는 퇴사시켜버리고 회사에서도 해고시키겠다는 협박을 받으면서 감금되어 있는 상태에 놓여 있었다.[8]

기숙사는 최저의 비용으로 생활할 수 있는 공간이기 때문에

8　원풍모방 해고노동자 복직 투쟁위원회, 앞의 책, 65~67쪽.

퇴사는 여성 노동자들을 당장 먹고사는 생존의 문제로 위협하는 것이다. 기업은 이것을 이용하여 여성 노동자들의 집단행동이 있을 때마다 협박의 수단으로 퇴사를 이야기하였다. 사감은 한 방에 여럿이 모이지 못하게 막고 자기 방으로 돌아갈 것을 명령하는 등 감시를 철저히 하였다.

그러나 여성 노동자들은 기숙사의 통제와 감시에 수동적인 존재만은 아니다. 밖으로 나오려는 여성 노동자를 사감이 가로막자 2층 여기저기서 유리창을 부수고 뛰어내리기 시작했다. 비상계단으로 뛰어내리기도 했다. 결국 사감의 감시와 통제도 여성 노동자들의 단결된 힘을 막을 수 없었던 것이다.

기숙사는 여성 노동자들에게 휴식을 취하는 공간이지만 어떤 문제에 부딪히게 되면 의견을 가장 신속히 결집하는 공간으로 사용된다. 1968년에 거의 자연발생적으로 일어난 이른바 '강금옥 사건'이 일어나게 되는 과정을 살펴보면 기숙사가 의견 결집의 장소로 사용됨을 알 수 있다.

강금옥은 정사과에 근무하던 고참 여공으로서, 한 푼도 오르지 않는 월급봉투를 받아 들자 분노를 터뜨렸다. 기숙사 생활을 하던 강금옥은 그날 밤 기숙사를 돌아다니며 사람들을 모았다. 그녀는 불만을 토로하면서, 자기가 책임질 테니 파업을 하거나 월급봉투를 반납해버리자고 제의했다. 신중한 토의 끝에 그들은 파업에 들어가기로 결정하고, 밤 10시를 거

사 시간으로 잡았다.[9]

운동장으로 몰려나가 '와' 하고 고함을 지르는 것으로 파업은 끝났지만 여성 노동자들에게 기숙사는 의견의 결집 장소로, 단결력의 근원으로 자리 잡고 있음을 알 수 있다. 그러나 이것은 잠재적 가능성에 불과하다. 기숙사는 여성 노동자들이 집단적으로 생활하는 장소이기 때문에 감시와 통제를 용이하게 만드는 공간이기도 하며 반면 여성 노동자들 간의 연대 의식을 높일 수 있는 공간이기도 한 것이다. 그렇다면 1972년 노조 민주화 투쟁 과정에서 기숙사의 어떤 조건에 의해서 단결력을 형성했으며 이후에는 어떠한 방식으로 조직화했는지 의문을 제기하지 않을 수 없다.

1972년 당시에는 기숙사를 중심으로 의식적인 조직화 과정이 없었다. 그렇지만 현장에서는 회사에 대한 불만이 강하게 제기되었고, 특히 현장의 조장급들에게 그 불만은 더 구체적으로 다가왔다. 이러한 조장급 여성 노동자들은 장기 근속한 경우가 대부분이었고 따라서 기숙사의 각 방에서 실장을 맡고 있는 경우가 많았다. 이 여성들은 현장에서뿐만 아니라 기숙사 각 방에서 고참급 여성들로서 어린 여성들을 통솔할 수 있는 권위가 있었던 것이다. 생산관리 체계와 노조 대표 체계가 일

---

9 위의 책, 28쪽.

치할 뿐만 아니라 기숙사 방 실장과도 일치하였기 때문에 현장에서 쌓였던 불만들이 기숙사를 통해서 쉽게 공유되었다.

또한 기숙사의 방은 입사한 순서에 따라 배치되었으므로 한 방에 여러 부서의 사람들이 모여 있었다. 이러한 조건은 각 부서에서 나타나는 정보를 공유할 수 있게 하여 여성 노동자들은 자기가 소속되어 있는 부서에 관련된 이해관계뿐만이 아니라 전체적인 상황에 대한 인식을 높일 수 있었던 것이다. 고참 여성 노동자들과의 인간관계를 통해서, 입과 입을 통해서 여성 노동자들은 서로의 이해관계를 공유하였다. 따라서 1972년 당시에는 체계화된 상태에서 조직이 되었다기보다는 여성 노동자들의 생활상의 결합에 의한 강한 연대 의식에 기반하여 파업 농성이 이루어졌다.

기숙사는 기업 복지[10]의 차원으로 분류되며, 기업 복지는 노동자들의 '동의' 창출을 위한 제도로 사용된다. 하지만 1970년

---

10 기업 복지는 임금, 노동 시간, 휴일, 휴가, 작업 내용과 같은 노동조건의 충실, 개선만으로는 기대할 수 없는 종업원과 그 가족의 생활 안정, 심신의 건강 유지, 증진, 근로의욕의 충실화 등 노무관리상의 필요한 효과를 거두기 위해 기업의 책임과 비용 부담으로 이루어지는 노무관리의 한 수단이라고 볼 수 있다. 김윤환·권두영, 『노동경제학』, 서울: 무역경영사, 1981, 302~303쪽. 이런 의미에서 본다면 1970년대는 기업 복지가 마련되지 않았다. 노동자들의 복지는 기업이 아니라 노동조합이 주체가 되어 신용협동조합과 소비조합을 운영하여 노동운동의 역량을 증대시키는 방향으로 이끌었다.

대 기숙사 운영의 주 기능은 노동력 공급 체계로의 그것이 대부분이었다. 여성 노동자들이 다음 날 생산 활동을 할 수 있는 최소한의 것들만 제공되었을 뿐이다. 게다가 기숙사를 중심으로 감시와 통제가 노골적으로 행해졌기 때문에 여성 노동자들은 기업에 대한 '동의' 창출이 아니라 막연한 반발심과 분노를 경험하였던 것이다.

이러한 막연한 반발심과 분노의 공유를 넘어서 기숙사가 의식적으로 단결력을 형성하는 공간으로 자리 잡게 된 것은 1973년에 기숙사 자치회를 구성하면서 이루어졌다. 기숙사를 제도적으로 노동조합에 참여할 수 있는 구조를 만든 것이다.

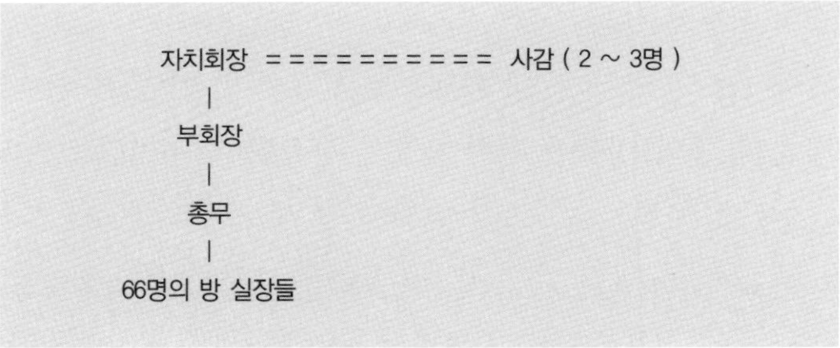

자치회장 = = = = = = = = = = 사감 (2 ～ 3명)
　|
부회장
　|
총무
　|
66명의 방 실장들

[그림 4] 기숙사 자치회 체계

각 방에서 실장이 선출되면 이 여성 노동자들이 자치회장을 뽑았다. 자치회장은 기숙사의 시설 문제, 규칙, 행사 등 제반 사항을 사감과 협의하여 결정하고 회사와의 단체교섭에 기숙사 대표로 참석하여 발언하기도 한다. 기숙사 자치회가 제도적으로 노동조합의 조직으로 구성되면서 회사의 감시와 통제 기능을 일정 정도 방어하였고 기숙사는 여성 노동자들 간의 일상적인 생활의 결합에 의한 단결력을 증진시키는 공간으로 자리 잡았다.

낯선 공장 생활에 적응하는 과정은 바로 동료들과의 관계가 친숙해지는 과정인데 이것이 이루어지는 공간이 바로 기숙사이다. 현장에 들어가서 일차적으로 맺게 되는 관계는 부서 사람들이고 그다음은 기숙사 방 동료들이다. 여가는 주로 기숙사에서 지내기 때문에 기숙사의 같은 방에 있는 사람들과 맺는 관계는 무척 중요한 것이다. 여성 노동자들은 가끔 기숙사 규칙을 어기면서 더욱 친해지기도 한다.

> 기숙사 자치회에서 봄, 가을로 방마다 새 바께스를 줘요. 그러면 아침에 양배추와 마요네즈를 몰래 사두었다가 10시에 퇴근하고 돌아와서 그 바께스에다가 칼이 없으니까 손으로 양배추를 막 뜯고 마요네즈를 붓고 식당에서 숟가락 훔쳐다가 퍼 먹었어요. 완전히 돼지죽 같은 건데도 그때는 얼마나 맛있는지 몰라요. 12시면 옥상 문을 잠그는데 창문으로 기어올라가서 거기서 몰래 먹고 그랬어요. 사감에게 걸리면 혼나니까. 참 별나게도 놀았던 거 같아요.　　　　　〈사례 7〉

여성 노동자들은 대부분 시골이 고향으로 정서적으로 비슷한 경험을 공유하고 있으며 '특별히 잘난 사람도 없었기' 때문에 적응하는 과정은 어렵지 않았다. 낯설고 두려운 서울 생활에서 먼저 입사한 선배의 관심은 친언니 이상의 자매애로 맺어지게 한다.

나는 서울에 오면 순 도둑놈들만 있는 줄 알았는데 사람들이 정말 잘해줬어요. 어떤 식으로 잘해주냐면 상대방의 집에 젓가락이 몇 개가 있으며, 엄마 아버지가 어떤지까지 관심을 가져주었고 무슨 일이 있으면 같이 걱정해주었죠. 〈사례 6〉

서울에 '도둑놈'들만 있을 줄 알고 서로에 대한 철저한 불신과 경계를 준비했는데, 막상 부딪히게 되는 인간관계는 걱정했던 것과는 달리 서로 의지할 수 있는 것이었다. 동료의 식구 중에 누군가 어려움을 당했다고 하면 적은 돈이나마 모아서 도와주기도 했고 상대방의 생활에 대한 공동의 책임이 이루어지는 분위기였다. 서로의 처지에 대한 공유는 생활적으로 결합되어 먼저 입사한 선배들은 언니로서의 역할만이 아니라 그 이상, 부모의 역할까지 하였다.

명절 때 노무과에서 기숙사생 파티 열어주라고 돈이 오면 사감이 그 돈으로 음료수를 몇 짝씩 들여와서 창고에 잠가두고 혼자서 일 년 내내 먹었어요. 우리들에게 돌아오는 것은 거의 없었죠. 안 되겠다 싶어 내가 분위기를 잡기 시작했어요. 돈을 노무과에서 직접 타서 슈퍼에서 음식을 사서 실컷 먹이고 그랬지. 또 명절에 고기가 들어오면 식당 아주머니들이 경비 아저씨들을 불러서 며칠씩 지져 먹이고 그랬어요. 우리한테 주는 고깃국은 완전히 맹국이야. 그래 고기가 들어오면 그 옆에 붙어 서서 우리 아이들 먹을 수 있도록 했지. 떡도 방앗간에 가서 한 가마니 뽑아서 기숙사 강당에 모두 모여서 만들어 먹고 그랬지. 아이들이 아프면 밤을 새워가면서 죽을 끓여 먹이기도 했지요. 간혹 군것질을 많이 하는 아이들이 있는데 단속을 하다가 영 안 되겠어서 아예 매점을 폐지시켰어요. 어렵게 일해서 번 돈을 그런 식으로 써서는 안 되죠. 기숙사에 워낙 많은 식구가 있으니까 별의별 사람들이 다 와요. 약장사부터 속옷장사까지 오는데 아이들에게 필요 없는 것 사면 혼날 줄 알라고 주의를 시키기도 했죠. 〈사례 1〉

〈사례 1〉의 노동자는 기숙사 자치회 회장을 맡았는데 기숙사생들에게는 일종의 대리 부모였다. 기숙사생의 건강을 보살피고 소비 행태까지도 일일이 간여한다. 하지만 이러한 간여가 억압적이거나 부당하다고 느껴지기보다는 서로에 대한 신뢰와 믿음으로 모아진다. 기숙사의 간부들은 어린 여성 노동자에게 기숙사가 가정의 역할을 할 수 있도록 노력하였다. 정기적으로 생일잔치도 준비하고 명절에 기숙사에 남아 있는 여성 노동자를 위해 음식을 같이 장만하고 즐겁게 지낸다. 같은 방 동료들 뿐만 아니라 기숙사생 전부가 참여할 수 있는 모임을 통해서 모두가 한 가족이라는 동질감을 형성하였다.

이와 같이 여성 노동자들 간의 생활상의 결합은 자연스럽게 의식화의 계기를 얻게 된다.

> 자고 나면 언니들이 없어요. 귀신이 곡할 노릇이지. 잠만 자고 나면 나 혼자 방에 남으니 얼마나 기가 막히겠어요. 어디 가는지 물어보니깐 영등포 산업선교회에 간다고 하더라구요. 거기 가니까 맨날 도나스 만들고 곰 만들고 그러는데 재미있어 보였어요. 그래서 나도 우리하고 같이 들어온 사람하고 모임을 만들었어요. 〈사례 6〉

> 원풍모방에 입사한 지 9개월가량 지난 77년도 10월경 노동조합 활동을 열심히 하는 같은 방의 순애 언니가 나를 노동교회에 데리고 갔다. …언니는 항상 뛰어다니느라 잠도 제대로 못 자면서도 긍지를 가지고 살자며 우리를 격려해주고 밖에서 있었던 일을 방 식구에게 얘기해주곤 했다. 나를 참 많이 위해주었고 나도 그렇게 열심히 활동하는 언니가 좋아 잘 따랐기 때문에 사람들도 알아주는 사이가 되어버렸다.[11]

---

11 장남수, 앞의 책, 53쪽.

기숙사는 사회와 철저히 단절될 수 있는 공간이기도 하지만 역으로 다양한 정보를 얻을 수 있는 공간이기도 하다. 노동자들 간의 생활의 결합과 여가의 공유는 의식화의 파급효과를 높인다. 어떤 사상이나 이념에 의해서가 아니라 인간적인 신뢰에 기반한 연대 의식은 반공 교육의 영향력을 막아내기도 한다.

> 그 당시는 노동운동이다 그러면 빨갱이라는 것이 강했죠. 그래서 내부에서 활동을 활발히 할 수 있는 분위기는 아니었죠. 내부에 들어가 보니까 모두들 쉬쉬하는 분위기더라구요. 노동자들이 집단적으로 행동을 하면 빨갱이라고 그랬어요. 그럼에도 불구하고 내부에서 활동하는 데는 큰 지장이 없었죠. 서로 인간적으로 결합돼 있었고 할 수밖에 없는 일들을 했으니까. 그리고 누가 빨갱이라고 하면 사실 옆에 있는 우리 동료들이 더 잘 알 거 아니에요. 같이 있는 우리 동료들에게는 먹혀 들어가지 않았죠.　　　　　　　　　　　〈사례 5〉

기숙사라는 공간은 신입 노동자들이 낯선 도시 생활에 적응하도록 도와주기도 하고, 동료들 간의 정서적 결합으로 서로에 대한 신뢰를 형성하고, 선배 언니들은 대리부모로서 강한 자매애로 연결되게 하였다.

이러한 인간적인 신뢰를 기반으로 기숙사는 정보 교환이 이루어지는 중요한 공간으로서 활용되었다. 기숙사의 방은 들어온 순서대로 배정되기 때문에 한 방에 여러 부서원들이 함께 섞

여 있다. 따라서 여성 노동자들은 작업장에서는 자기가 소속되어 있는 부서에 대해 파악할 수 있었고 기숙사에 와서는 다른 부서 상황에 대해 파악할 수 있었다. 집단행동이 이루어질 때면 다른 부서와의 긴밀한 연계하에서 행동이 진행되는데 이것이 가능했던 것도 평소에 다른 부서에 대한 인지도가 높았기 때문에 연대가 자연스럽게 이루어졌다고 볼 수 있다.

이와 같이 기숙사는 여성 노동자들의 단결력을 증진시키는 원천으로 조직되었다. 민주노조가 만들어지기 전에는 사감이 기숙사의 통제를 전적으로 장악하였는데 기숙사 자치회를 구성하면서 모든 결정은 노동자들과 합의하에 이루어지도록 하였다. 이러한 과정을 통해서 기숙사는 더욱 의식적으로 조직화되기 시작하였다. 이제 여성 노동자들에게 기숙사는 감시와 통제의 공간이기보다는 휴식의 공간으로, 동료와 친목을 다지는 공간으로 자리 잡게 되었다. 각 방의 실장들은 주로 대의원들이 많았기 때문에 노동조합에서는 개별 노동자 하나하나의 모든 사항을 인지할 수 있었고, 전달 사항이 있으면 실장을 통해서 이루어지기도 했다. 중요한 문제가 생길 때마다 기숙사는 의사 전달 체계이기도 하고, 회의 공간이기도 하며, 배움의 공간이기도 했던 것이다.

2 즐겁게 함께 놀며 연대하기

　기숙사 생활에 의한 일상생활의 공유는 자연스럽게 집단적인 여가 생활로 이어진다. 여성 노동자들의 여가 생활은 크게 세 가지로 나눠진다. 첫 번째는 개인적으로 뜨개질을 하거나 책을 읽으면서 여가를 보내는 경우이다. 두 번째는 기숙사를 중심으로 노동조합에서 개최하는 노래 배우기, 포크댄스 배우기와 교육 프로그램에 참석하는 경우이다. 세 번째는 기숙사 밖에서 이루어지는 소모임이나 부서별 야유회 참석이다. 여성 노동자들의 여가를 집단적으로 조직하는 것은 두 번째와 세 번째의 경우이다. 이 부분을 어떻게 관장하느냐가 집단행동과 곧바로 연결된다.

　원풍모방의 경우 1972년 민주노조가 만들어지기 전에 여성 노동자들의 여가 생활은 개별적·고립적으로 행해졌다. 기숙사에서 뜨개질을 하거나 잠을 자는 경우가 많았고 휴일에는 마음 맞는 또래 친구들과 산에 갔다 오는 것 정도가 전부였다. 그러나 1972년 이후부터는 기숙사 강당을 중심으로 집단적인 여흥과 교육 프로그램이 정기적으로 마련되었으며 소모임 활동의 활성화가 이루어졌다.

한 여성 노동자의 일주일 생활을 살펴보자. 〈사례 7〉의 노동자는 1876년에 입사하여 정방에서 근무하였다. 어느 정도 공장 생활에 적응하자 다른 노동자들과 마찬가지로 소모임 활동을 하게 되었다. 그에게 소모임 활동은 중요한 생활의 일부로 자리 잡게 되었다. 일주일 동안 외출이 세 번으로 제한되는데 그중 한 번은 소모임 활동을 위한 시간으로 보내고 나머지 한 번은 보통 소그룹 회원들과의 개별적인 만남, 다른 한 번은 외부 교육에 참석하였다고 한다.

> 우리는 토요일, 일요일 아예 개인 시간이 없었어요. 그러니까 남자하고 놀러 가고 그런 게 없었지. 우리들끼리는 많이 가도. 우리는 꼭 수첩이 필요했어요. 일주일 내내 약속으로 항상 차 있었고 수첩을 안 보면 약속을 못 했어요. 교육이 정말 많았는데 징글징글하게도 많이 받았어요. 부서에서 철이 되면 포도밭, 딸기밭에 가기도 하고 그랬어요. 부서뿐만 아니라 소그룹에서 가지. …어떻게 하다 보면 딸기밭, 포도밭을 다섯 번, 여섯 번씩 갈 경우가 있어요. 〈사례 7〉

여가에는 대체로 교육에 참여하거나 부서원들과 야유회를 가면서 시간을 보냈다. 〈사례 7〉의 노동자는 명절 때만 집에 내려갔기 때문에 대부분의 시간을 공장에서 보냈는데 여가는 주로 교육을 받으면서 보냈다.

제3장에서 이미 살펴보았듯이 여성 노동자들은 가정에서의 차별적인 경험으로 오빠나 남동생에게 교육의 기회를 양보할 수밖에 없었다. 이로 인한 교육에 대한 열망은 공장 생활 속에서도 이어진다. 배우지 못했다고 하는 열등 의식이 한으로 자리 잡게 되고, 이는 잠을 줄여서 몸이 피곤하더라도 교육을 받을 수 있는 기회만 있다면 어디든지 참석하려고 하는 열의로 나타난다.

> 처음에는 뭘 모르고 호기심에 다녔어요. 새롭고 재미있더라고. 그런데 조금 알고 나니깐 갈등이 생기더라구. 모르는게 너무 많고 알아야 따라가지. 갈등이 생기니까 더 열심히 더 열심히 교육을 받았던 거 같애. 〈사례 7〉

평균 일주일에 3일 정도 모임을 갖는데 모임의 형태를 보면 학습뿐만 아니라 산행을 하든가 유적지를 가기도 하였다. 미리 그 산의 내력이라거나 유적지의 의미에 대해서 조사를 해 간 노동자가 하나하나 설명을 하는 방식으로 진행되었다. 여가 생활은 단지 현장에서 쌓였던 피로를 푼다는 것뿐만 아니라 새롭게 사회를 인식하는 과정이 되었다.

기숙사에서는 강당을 중심으로 여성 노동자들이 즐겁게 참여할 수 있는 프로그램들이 마련되었다. 정기적인 노래 배우기를 통해서 현장에서 쌓였던 피로를 풀 수 있었다. 당시 노조 간부의 이야기를 들어보자.

> 노래 강연이나 그런 것을 통해서 노동자들이 교육이라는 것을 인식하지 못하고 논다는 생각을 하게 했죠. 노래를 신나게 부르다가도 노조의 중요성에 관련된 멘트를 하나씩 넣는다거나 퀴즈를 맞추면 사과도 주고 기타도 주고 책도 주고 그랬죠. 나타나는 것은 자연스러운 것처럼 보이지만 모두 목적의식적인 노력의 결과였죠. 〈사례 2〉

> 70년대 섬유업계의 노동조합을 통틀어서 우리만큼 놀러 많이 다닌 곳도 없을 거예요. 공동 의식이 대단히 강했어요. 산을 가든 바다를 가든 어디든 같이 갔었고 한 번 팀웍이 맺어지면 굉장히 강했어요. 행사가 있으면 밴드 불러서 신나게 놀고 1분이라도 꼭 시간을 내서 노동조합에서 생각하는 문제들에 대해서 이야기를 했어요. 노동조합에서는 조합원들이 어디를 가든 잊어버리지 않을 정도로 상기시켜주는 그런 노력이 전체 조직을 단결시켰던 것 같아요. 〈사례 5〉

여가 시간을 짜임새 있게 조직했음을 알 수 있다. 여가 시간이 개별 노동자들을 흩어지게 하는 것이 아니라 더욱 결속력을 다지는 계기로 주어졌다. 실제 노동 과정에서 이루어지는 서로에 대한 의존 관계만으로는 결속력에 한계가 있다. 노동자들이 여가를 보내는 방식은 개별 노동자의 의식을 형성하는 중요한 요인이다.

당시 여성 노동자들에게 여가는 개별적으로 즐기는 것이 아니라 집단적인 프로그램에의 참여와 교육으로 이루어졌다. 엄밀한 의미로 각 개인에게 개인적인 시간은 존재하지 않았다. 노동과 여가라는 두 축이 각 여성 노동자들에게 엄격하게 구분된 것은 아니었다. 여가 생활이 잠시나마 지겹고 고달픈 노동 세계와의 단절을 의미하는 것이 아니라 자신의 노동에 대한 새로운 의미 규정을 하도록 도와주었다.

대부분 빈농 출신인 여성 노동자들은 돈을 벌기 위하여, 자신의 장래를 위해서 혹은 농사짓는 일이 하도 고되서 농촌을 떠나 도시의 공장 생활을 택하게 되었다. 그러나 공장에서 부딪히는 현실은 그들이 취업 당시 품었던 기대와는 거리가 멀다. 공장 노동은 가족들의 가난을 해결해주지도, 자신들의 자아를 실현해주지도 못했고 또 지긋지긋한 농촌 생활보다 덜 고된 것도 아니다. 거기에다 그녀들이 노동 과정에서 겪어야 하는 고통들이 있다. 공장 노동은 결코 스스로 자신을 규정하고 결단할 수 있는 장이 되지 못하고 있다. 그것은 오직 잃어버린 시간, 속박이었다. 전반적으로 여성 노동자들에게 노동은 괴로운 것이다.[12] 이러한 조건은 여성 노동자들에게 여가 생활을 통해서 새로운 관계와 의미를 찾으려 노력하게 만들었고 소모임이나 노동조합의 프로그램에 적극적으로 참여하는 과정을 통해서 다시 자신의 노동의 의미를 되돌아볼 수 있게 하였다.

> 언제부턴가 일이 재미있었어요. 전에는 오로지 오빠 대학을 보내기 위해서 잔업이 있으면 빠지지 않았고 시키는 대로 뭐든지 일을 했죠. 아무런 생각도 없었죠. 오로지 열심히 일을 해서 조금이라도 돈을 더 받고 싶을 뿐이었어요. 그런데 소모임 활동을 하게 되고 그러면서 내가 하는 일이 단지 돈 몇 푼 받는 것 그 이상의 의미가 있다는 것을 알게 되었어요.
> 〈사례 6〉

> 노동조합을 알기 전엔 지겹고 하기 싫은 게 노동일지 모른다. 마지못해 출근하고 가능하면 좀 더 편하고 쉬운 일을 찾고 싶고. …그러나 노동은 그렇게 지겨운 것이 아니라고 깨닫게 되는 곳이 노동조합이다. 기계 앞에서 땀 흘려보지 않은 사람은 노동의 가치를 운운할 수 없으리라. 힘겹고 서럽고, 때로는 견딜 수 없이 지겨워도 우리가 일하는 것으로 유지되는 이 사회를 생각하며 스스로 가치를 부여하고 보다 나은 사회를 건설하는 주인공들이 노동자인 우리 자신이라는 것을

---

12 정현백, 앞의 책, 419~422쪽.

확인하는 곳이 바로 노동조합이다.[13]

여성 노동자들에게 노동과 여가는 연장선상에서 상호 규정하는 관계에 놓이게 되는 것이다. 지겹고 고통스러운 노동은 여가 생활에 의해서 재규정되며 이에 따라서 여가 생활의 의미는 더욱 중요한 것이었다. 여성 노동자들의 여가 생활이 교육 프로그램에의 참여나 소모임 활동으로 이어진 것은 여러 가지 조건과 상황이 결합된 것으로 볼 수 있다. 우선은 여성 노동자들의 배움에의 욕구와 이에 기반한 원풍모방 노조에서의 다양한 교육 프로그램의 준비가 결합된 것에 있다. 이것이 가능했던 것은 당시 사회적으로 공장 노동자들에게 가해지는 사회적 멸시와 냉대 속에서 이들이 즐길 수 있는 여가 생활이 거의 없었다는 상황과도 결합된 것으로 보여진다. 집단적이고 의식적인 여가 생활은 여성 노동자들에게 진정으로 자신의 노동이 어떤 의미인가를 깨달아가는 교육의 과정이었던 것이다.

---

13 장남수, 앞의 책, 29~30쪽.

3 공순이에서 노동자로

　여성 노동자들의 노동 세계의 공유와 일상생활의 연결망은 집단의식 형성의 기반이 되었다. 이것은 몇 차례 행사를 통해서 표출이 되는데 전체 조합원이 한자리에 모일 수 있는 노동절 행사와 체육대회를 통해서 평소에 다져졌던 단결력은 한층 더 강화되었다. 이 두 행사를 통해서 조합원들의 결속과 단결력을 회사 측에 과시하는 것은 노동조합으로서 대단히 중요한 과제임에 분명하다.

　3월 10일의 노동절 행사는 매년 실시하는 임금 인상 교섭이나 싸움에서 유리한 입장을 차지하기 위함이고, 가을 체육대회는 단체협약 갱신 교섭에 있어서 좋은 성과를 이룩하기 위하여 그 중요성이 강조된다.[14] 이 행사를 치르기 위해서 약 3개월 정도의 준비 과정을 거치는데 여성 노동자들은 단지 관객으로 참여하는 것이 아니라 적극적으로 준비 과정에 참여함에 따라서 공동의식은 더욱 강화된다.

노동조합은 매년 간단한 기념식에 이어 회사에서 마련해주는 빵과 수건을 받고 연예인들의 공연과 각 부서별 노래자랑으로 끝맺는 노동절 행사를 변경하여, 노래자랑 상품도 노동 관계 서적으로 지급하고, 단결을 이룰 수 있는 노래 부르기, 그리고 1979년부터는 탈춤 공연과 뒤풀이 등을 통하여 단결력을 과시하였다.[15] 이러한 행사를 준비하는 과정에서 노동자들 간의 연대가 더욱 강해지지만 무엇보다도 이렇게 집단적으로 표출된 힘은 막 입사한 신입 여성 노동자들의 의식에 큰 영향을 미친다.

입사한 해 3월 10일 사내식당에서 노동절 기념 행사가 있었다. 그것은 또 내게 새로운 충격이었다. 식당을 가득 채운 조합원들과 내빈들 속에는 흔히 말하는 기념대회하고는 뭔가 다른 열기가 있었다. 〈노동자의 핏줄 속에 조합 정신 흐를 때〉 〈노동자로 태어나서〉 등 조합원들이 힘을 모으고 굳게 결속하여 나아가자는 내용이 담긴 노래가 식당을 뒤흔들고 대림동 전체를 들썩들썩하게 하는 것 같았다. 기념사에 이어 공장장의 축사가 끝나자 그저 예의상의 박수 소리만이 들렸다. 그런데 노동조합 지부장이 기념사를 하자 식장이 떠나

---

14 원풍모방 해고노동자 복지 투쟁위원회, 앞의 책, 188쪽.
15 위의 책, 188쪽.

갈 듯 박수가 우렁차게 터졌다. 그것은 누구도 막을 수 없는
거대한 함성이요 선언으로 느껴졌다. …노동절 기념식장에
서의 열기 어린 노랫소리는 내 온몸에 가득히 채워지는 것 같
았고 내 가슴은 자꾸 뜨거워져왔다. 그날 이후 노동조합은 너
무도 소중하게 더욱더 내 가슴에 와닿았다.[16]

이 여성 노동자가 느꼈던 새로운 충격이란 무엇일까? 아마
도 그에게 공장 노동자로의 길은 지금까지의 삶 속에서 느껴야
만 했던 소외와 박탈의 경험으로 어쩔 수 없이 선택하게 된 과
정이었을 것이고, 가능한 빨리 벗어나야만 하는 가난의 굴레
에 불과하였을 것이다. 하지만 행사에서 보여지는 여성 노동자
들의 모습은 비굴하고 기죽어 있는 자신의 모습과 달리 당당하
게 단결하여 나아가자고 외치는 당찬 모습이었다. 게다가 노동
조합 지부장에게 보내는 여성 노동자들의 환호는 공장장보다
노동조합 지부장에게 더 많은 권위를 부여한다. 집단화된 힘은
하나의 선언으로 한 여성 노동자의 가슴속에 자리 잡았다.

상반기의 노동절 행사를 통한 파급 효과는 후반기로 이어지
면서 가을 체육대회에서 다시 한번 전체 조합원이 모일 수 있
는 자리가 마련된다. 체육대회의 목적이 승부에 있는 것이 아
니라 단결력 강화에 있음을 사전에 조합원에게 주지시키고, 탈

---

16 장남수, 앞의 책, 28~29쪽.

춤반들의 농악놀이로 대회를 끝맺게 했다. 체육대회 때에는 조합원 가족과 퇴직 조합원도 참여하게 하고, 운동장 군데군데 막걸리와 안주를 충분히 준비하며 대회가 끝나면 각 부서별로 대림동 일대의 술집 등에서 흥겨운 하루의 축제를 평가하기도 했다.[17]

여성 노동자들은 기숙사를 중심으로 한 정서적 결합과 여가 시간을 통한 끊임없는 교육과정을 통해서 농촌에서 올라왔을 때의 개별적인 의식을 지닌 노동자가 아니라 새로운 규율에 적응되고 훈련된 집단화된 의식을 지닌 노동자로 변해갔다. 농촌의 전통적인 인간관계는 도시 생활 속에서도 더욱 강하게 상호 의존하는 밀접한 관계로 유지되고, 이러한 전통적인 요소와 함께 현대의 조직적 혹은 연대적인 생활이 조화롭게 결합되어[18] 집단문화를 형성하게 된 것이다.

---

17 원풍모방 해고노동자 복지투쟁위원회, 앞의 책, 188쪽.
18 최장집, 앞의 책, 77쪽에서 유교적 문화 전통의 뿌리 깊은 영향으로 서 현대의 조직적 혹은 연대적 생활 속에서 여전히 남아 있는 특수주의적 행위가, 공동의 이해와 생활 태도를 바탕으로 하는 현대적 유대 관계와 반드시 상극되지만은 않는다는 점을 강조 해석하고 있다.

투쟁 경험과 조직에 의한 성장

지금까지의 논의를 통해서 여성 노동자들이 보여준 단결력은 생산 영역에서의 동질감뿐만 아니라 생산 영역 외의 일상생활을 통한 생활적인 결합에 의한 것임을 살펴보았다. 이러한 특성은 조직화 방식에도 반영되어 비공식 조직의 활성화로 나타났다.

개별 노동자들은 그들의 독특한 개인적 경험에 따라서 그들의 정서와 욕구를 형성한다. 그러나 이 독특함은 고립되어서 형성되는 것이 아니라 다른 것들과의 관련 속에서 형성되기 때문에 사회적인 성격을 가지고 있다. 노동자들은 구체적인 노동 경험 속에서 이러한 정서와 욕구를 만족시키기 위한 인간관계를 형성하게 되며 이것은 비공식 조직의 구성으로 나타난다. 이러한 비공식 조직은 효율적인 협력을 위한 전제조건이 되며,

그것은 때때로 공식적인 조직의 기능을 활성화시키기도 한다. 그러나 다른 한편으로 비공식 조직은 공식 조직과 충돌하는 기능을 갖기도 한다. 그러므로 공식 조직과 비공식 조직 간의 관계는 중요하게 고려되어야 한다.[1]

이 장에서는 공식 조직과 비공식 조직이 어떤 관계로 결합되어 있는가를 살펴보고, 이것에 기반한 여성 노동자들의 투쟁 경험이 조직의 성장을 가져왔음을 살펴보도록 하겠다.

---

1 Friz J. Roethlisberger · Willia J. Dickson, "Human Relations and the Informal Organization", Frank Fischer · Carmen Sirianni, *Critical studies in organization and Bureaucracy*, Philadelphia: Temple Univ. Press, 1984. 이 글에서는 산업 조직의 기능을 생산물을 산출하는 기능과 조직의 개인 구성원들 간의 만족을 창출하고 배분하는 기능으로 구분하였다. 대부분의 연구들은 전자의 기능에 치중되어 있는데 사실 이 두 가지 기능은 상호 연결되어 있으며 상호 의존 관계임을 강조한다. 후자의 기능은 공식 조직과 대비되는 비공식 조직에 의해서 이루어진다고 설명한다. 이 글에서 사용하고 있는 공식 조직의 의미는 직무 구조상 위계질서를 의미하는데 이 책의 4장에서 사용하였던 생산 관리 체계와 같은 의미이다. 본 장에서 사용하는 공식 조직은 노조의 대표 체계를 의미한다.

제6장 투쟁 경험과 조직에 의한 성장

1 공식 조직과 비공식 조직의 연계

노동자들의 조직에는 '공식 조직'과 '비공식 조직'이 존재한다. 여기서 공식 조직이란 노조의 선출된 집행 조직과 이를 통해 형성되는 노동자들 간의 의사소통 라인을 지칭하며, 비공식 조직은 노동자들 내부의 무수한 소그룹 혹은 자발적인 결사체를 포함한다.[2]

1970년대는 수출주도형 산업화 전략이 정부 주도에 의해 추진됨에 따라 정부는 노동자층에 대한 통제에 상당한 영향을 미쳤다. 특히 단체교섭권 및 행동권의 제약에 의해 노동자들은 조직화에 있어서 매우 불리한 조건에 처해 있었다. 이러한 조

---

2 박준식, 「중공업 대기업에서의 노사관계 유형에 관한 비교연구」, 연세대학교 대학원 사회학과 박사학위 논문, 1991, 30쪽.

건으로 인해 노동조합에게는 공식적인 조직뿐만 아니라 다양한 인간관계에 기초한 비공식 조직을 얼마만큼 확보하느냐가 조직화 방식의 가장 핵심적인 관건이 되었다.

원풍모방의 비공식 조직은 소모임 형식으로 조직되었는데, 이 조직은 민주노조의 전환 과정에서 핵심적인 역할을 수행하였으며 이후에 노동조합이 정착될 때까지 조직화의 가장 중요한 밑바탕을 이루었다. 1971년부터 노동조합을 민주화시키기 위한 목적으로 현장에서는 비밀리에 소모임이 만들어졌다. 이러한 소모임은 현장 내에서 자생적으로 이루어졌다기보다는 가톨릭노동청년회(JOC)나 도시산업선교회와의 연계 속에서 생겨났다. 초창기에 샛별, 소띠, 빅토리 등 소규모 모임에서 시작된 조직은 쥐띠, 뿌리, 역부공, JOC 모임, 성우회, 친목회 등 20여 개 조직으로 확대되었고, 이들 그룹들은 상호 긴밀한 연결을 가지면서 노동조합 정상화 투쟁을 위한 준비에 몰두하였다.

초기의 이러한 소모임은 상당히 목적 의식적이며 일종의 전위적인 조직의 성격을 띠었다. 이 당시 어용노조인 공식 조직에 대해서 비공식 조직은 저항 세력으로 자리 잡았던 것이다. 특히 초기의 노조 민주화 투쟁 과정에서 1970년 6월부터 무궁화팀을 발족하여 활동해오던 원풍모방의 가톨릭 신자 중에 8명이 1971년 6월 20일 투사 선서식을 한 후 일반 회원 접촉과 예비팀 발족을 서두르기 시작하여 '소나무팀'이라는 조직이 만들어진다. 1972년 1월 23일 투사 모임에서는 첫째, 올해는 노동조합 임원으로 파고 들어가기 위하여 적극적인 활동을 하고, 둘째, 노조 대의원 대회에서 진정으로 노동자를 대변할 수 있는 지부장을 선출하도록 계몽하기로 하고, 셋째, 예비팀 발족과 확장에 중점을 두어 활동한다는 중요한 세 가지 계획을 확정하였다.[3] 이러한 활동에 기반하여 JOC 투사 전원이 대의원에 선출되어 노동자들이 원하는 사람을 지부장으로 선출하게 되었다. 전위 조직으로서의 비공식 조직에서 활동해왔던 노동자들이 민주노조가 만들어지는 과정에서 대부분 대의원으로 선출되었고 이에 따라서 비공식 조직은 공식 조직으로 전환하게 된 것이다.

민주노조가 만들어진 후에 비공식 조직은 공개적으로 공식 조직을 보좌하는 세력으로 조직되었다. 공식 조직으로는 총회와 대의원 대회, 상집회의가 있다. 대의원은 각 부서별 및 반별로 선출되며 조합원 30명마다 1명씩을 선출하는 것을 원칙으로 하고 있다. 대의원 대회는 일 년에 한 번 개회되는 노동조합의 최고 의결기관이다. 상집회의는 대의원 대회에서 선출된 상무집행위원으로 구성되며 매월 2~3회 정도씩 개최되는 노동조합의 최고 집행기관이다.

이러한 공식 조직만으로는 1,700명 정도의 대규모 인원을 조직화하기는 거의 불가능하다. 공식 조직과 개별 노동자 간의

---

3 원풍모방 해고노동자 복직 투쟁위원회, 앞의 책, 42쪽.

의사소통 채널을 제도적으로 어떻게 보장하느냐가 이 둘 간의 거리를 좁히는 핵심인데, 그 거리는 비공식 조직의 활성화에 의해 좁혀진다.

원풍모방의 경우 공식 조직 이외에 소모임, 중견간부 모임, 상집 대의원 모임이라는 비공식 조직이 활성화되었다. 각 모임의 핵심 노동자들은 다른 모임의 구성원으로 겹쳐지는 형식을 가지고 있다. 따라서 한 노동자가 공식 조직의 간부로 성장하기 위해서는 몇 단계의 비공식 조직을 통한 간부로서의 훈련을 거치게 되는 것이다. 어떠한 방식으로 연결되어 있는지 그림으로 살펴보면 다음과 같다.

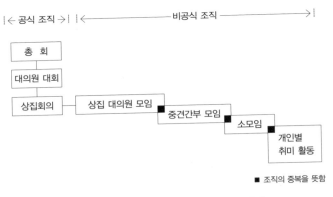

[그림 5] 공식 조직과 비공식 조직의 관계

상집 대의원 모임은 1974년부터 정례화된 모임으로서 매주 목요일 2시가 되면 퇴근한 대의원들이 노조에 모여서 지난 두

제6장 투쟁 경험과 조직에 의한 성장

주 동안에 발생된 노동 문제에 대해서 상근자로부터 설명을 듣고, 각자의 부서에서 발생한 크고 작은 일들과 기숙사에서 발생되고 있는 일들까지 상세하게 보고하고 평가하게 된다. 이 모임은 상집 간부와 대의원들 간의 견해 차이를 좁히고, 각 부서별 활동의 등차를 조정, 격려하는 역할을 한다. 또한 이와 같은 모임에는 현직 대의원뿐만 아니라 1972년 이후 대의원을 지낸 전직 대의원까지 참가하여 협력 관계를 유지하기도 한다. 중견간부 모임은 상집 간부 4명, 대의원 8명, 소모임 대표 8명, 개별 활동가나 작업반장급 16명, 남자 4명의 약 40명 정도 인원으로 한정하여 1박 2일간 2차에 걸친 교육과정으로 실시하며 교육을 수료하면 4개의 후속 모임을 하도록 하였다.

이 단계까지는 노동조합에서 기획하여 사업계획안에 포함된다. 그다음 단계인 소모임부터는 노동조합에서 권장하고 관리하였다. 여성 노동자들은 경험상 공식적인 인간관계에 익숙하지 않기 때문에 비공식적인 인간관계에 기초한 생활의 공유가 전제되지 않는 한 공식적인 조직에 참여하기가 어렵다. 1975년 이후 원풍모방 노동조합 내에는 7~8명으로 조직된 소모임이 50~60개로, 400~500명의 조합원들이 활동하고 있었다. 모임 장소는 도시산업선교회, JOC 그리고 노조 사무실과 자취방과 기숙사 등지였다. 당시 소모임 활동 현황을 살펴보면 다음과 같다.

[표 7] 소모임 활동 현황[4]

명칭(A)	부서	인원	명칭(A)	부서	인원	명칭(A)	부서	인원
날 개	전방	8	물레방아	가공	10	이스트	전방보전	7
심 지	가공	10	꿀 벌	〃	9	씨 알	가공 C	9
산수화	방모	8	앵글러	정방	4	모 란	전방 C	7
상록수	직. 준	8	바둑이	〃	7	둥 지		2
한마음	전방	6	맥 박	직포	8	시 계	가공 C	9
개 미	수정갑	12	동 심	가공	7	오뚜기	직포 C	6
백 마	정사	7	거북이	소모	3	송 죽	전방 C	10
소 라	직포	6	네잎크로	직포	8	혁 신	소모 C	8
하 얀	정방	8	반 석	정포	3	뿌 리	가공 C	6
바 위	〃	10	청포도	전방	8	일 맥	정포	9
모닥불	수정갑	9	독수리	〃	7	솜 비		8
엄 지	직포	7	불로초	〃	6	촛 불		
별	〃	7	큰엄지	정사	8	말똥구리	전방 C	6
억 쇠	〃	8	창 공	〃	6	정 사	정사 C	11
에델바	〃	7	검 불		6	넝 쿨	정방 C	5
두꺼비	가공	9	큰웃음	정사	5	차 돌	정사	7
비둘기	전방	6	무궁화		7	아 람	전방 C	6
소나무		7	초 원		8	대들보	직. 준C	7
용수철		6	별		7	솔		
오뚜기		6	동 맥		7	흙	정바직포	8
뿌리		9				장 미	정사	7

---

4 위의 책, 162~163쪽.

제6장 투쟁 경험과 조직에 의한 성장

감초		9				소금	직, 준C	8
쪽가위	정사					목화		10
그 외 재생, 횃불, 기둥, 공, 금잔디, 둥지								

1970년대 민주노조 사업장을 살펴보면 공통적으로 소모임 활동이 활성화되어 있었음을 알 수 있다. 하지만 원풍모방만큼 많은 수의 소모임이 형성된 곳은 거의 찾기 어렵다. 그렇다면 어떠한 조건에 의해서 이러한 소모임이 활성화된 것일까?

2 비공식 조직의 활성화 조건

1) 여성 노동자 공통의 사회적 욕구

대부분의 여성 노동자들은 공통의 문화적 배경을 가지고 있다. 각 개인에게 이것은 개별 가족 구조 속에서 체득하게 되는데, 이러한 가족은 고립되어 존재하는 게 아니라 공동체 내에서 다른 가족과 일정한 관계 속에서 형성되기 때문에 개별 가족 구조 내에서는 보편의 모습을 내포하게 된다. 이 가족 구조 내에서의 경험은 여성 노동자들의 사회적 욕구와 기대를 형성시켰다. 여성 노동자들은 공통적으로 배움에 대한 한이 있었고 이러한 경험은 공통의 사회적 욕구를 형성하였다. 소모임 형식은 이러한 각 개인의 사회적 욕구를 채워주는 역할을 하였던 것이다.

처음 소모임을 시작한 게 '이스트' 예요. 산업선교회에서 했
는데 내가 못 배웠으니까 거기 가면 꽃꽂이도 무료고 다 무료
로 가르쳐준다더라, 그래서 무조건 배우자고 생각했죠. 비록
학교는 못 다니더라도…
〈사례 8〉

2) 외부 단체의 역할

원풍모방의 소모임은 주로 영등포 산업선교회를 중심으로 이
루어졌다. 그렇다면 산업선교회에서는 왜 남성이 아니라 여성
을 조직했는가?

시나리오는 없었어요. 하다 보니까 그렇게 된 거지. 처음에
는 남자들과 하려고 했지. 60년대 초반에는 기업주와 하려고
사장이나 회사 경영진과 접촉을 시도해보았지만 안 되었지.
그래서 그 다음에는 남자 노동조합 간부와 하려고 시도를 했
는데 교육을 해도 또 안 되더라구. 결국은 여성까지 오게 된
거지.
〈사례 20〉

산업선교회의 간부들은 처음부터 여성들을 조직화의 대상으
로 보지 않았다. 처음에는 기업주와 접촉을 시도했고 그다음에
는 남성 노동자를 조직하려고 했다. 이러한 시도가 다 실패로
돌아갔고 그다음에 눈을 돌린 게 여성이었다. 그렇다면 왜 여
성들의 조직만 성공하게 되었는가?

경공업 중심의 산업구조는 여성 노동력의 집중적 활용을 이루었고 이에 따라 여성 노동자들에게 산업의 모순이 가장 첨예하게 나타났다. 그러나 이러한 구조적 조건만으로 여성 노동자 중심의 조직화를 설명할 수 없다. 그 이유는 산업선교회를 찾는 여성 노동자들의 동기는 산업 노동자로의 불만과 갈등을 해결하기 위해서라기보다는 막연한 배움에 대한 열의에 기인한다. 교육에 대한 과도한 가치를 부여하는 한국 사회의 특수한 상황과 가부장적 가족 구조 속에서 교육 기회를 박탈당한 어린 시절 경험이 없었다면 여성 노동자들이 산업선교회를 중심으로 한 교육 프로그램에 적극적으로 참여할 수 있었을지 의심스럽다.

여성들은 가정에서 딸로서 겪어온 교육에 대한 공통의 한을 가지게 되는데, 이것은 공장 생활 속에서도 결코 해소되지 않았다. 공장 생활은 여성들의 한을 풀어줄 수 있는 조건이 없었고 남자 관리자들의 욕설과 비인격적인 대우는 여성이기 때문에 겪어야 하는 그런 것이었다.

게다가 사회적으로 '수출역군'이니 '산업전사'니 하는 화려한 수식어와는 달리 육체노동에 주어지는 사회적 가치는 무척이나 낮았다. 흔히 '공순이'로 불리는 칭호는 육체노동에 대한 천시와 함께 여성이기 때문에 더욱 비아냥거리는 어투이다. 생산직이라는 노동 형태는 그 자체로 거친 육체노동과 연결되는 이미지가 강하며, 이러한 이미지는 또한 '남성성'의 상징이기도 한 것이다. 그렇기 때문에 생산직에 있는 여성 노동자에게 '여성성'은 이중적인 억압의 형태로 나타난다. 한편으로는 계급 정체감을 가로막는 방식으로, 다른 한편으로는 생산직 노동을 한다는 그 자체만으로 '여성성' 획득이 차단되는 경험이다. 남성의 경우는 노동자로의 역할과 생계 부양자로의 역할이 일치되지만, 여성의 경우는 노동자로의 역할과 아내와 어머니로의 역할이 상호 모순과 갈등을 일으키는 관계에 놓여 있다. 정부의 '조국 근대화' 이데올로기는 한편으로는 여성에게 '일하는 여성'의 이미지를 강조하기도 하지만 이것은 결혼하기 전까지라는 단서가 붙으므로, 결국 생산직 여성 노동자의 노동에 가해지는 사회적 멸시는 더욱 깊은 것이다.

이와 같이 여성 노동자들은 가정과 생산 영역, 사회에서 가장 무시받고 차별받는 집단이었다. 산업선교회는 이러한 여성 노동자들에게 관심을 가져주었고 배움에 대한 열망을 채울 수 있는 기회를 제공하였다. 산업선교회는 1970년대 노동자들을 위한 일반적인 교육과 함께 노동자들 스스로가 권익을 지킬 수 있게 하는 노동자 의식화 교육에 역점을 두었는데 교회 선교 단체들이 해온 활동 중 가장 성공적인 활동으로 평가되고 있다.

특히 원풍모방과 관계를 맺었던 영등포 도시산업선교회는 프레드릭애벗재단(독일)과 한국노총(FKTU)의 협조하에 의류피복 기업에 종사하는 근로자들에게 중점을 두어 수천 명을 조직하는 데 성공하였다.[5] 산업선교회와 가톨릭노동청년회(JOC), 크리스찬 아카데미를 중심으로 한 종교계의 노동운동 지원은 대부분 의식화 교육에 역점을 두었다.

여성 노동자 교육은 종교 세력뿐만 아니라 지식인들의 야학 활동[6]을 통해서도 이루어졌다. 종교 세력이나 지식인들의 노동운동 지원은 공통적으로 의식화 교육 프로그램을 매개로 이루어졌다. 1972년부터 국가보위법에 의한 단체교섭권과 단체행동권의 제한 속에서 노동자를 위한 노동조합의 자주적인 활동과 행동은 제약받게 되었고, 대부분의 노동조합이 자신들의 조합원 교육에 무관심하였으며 심지어 노동조합이 조직되지 않은 사업장이 많았기 때문에 노동자들의 의식화 교육은 외부 단체를 중심으로 진행되었다.

영등포 산업선교회의 교육 프로그램을 살펴보면 여성들을 위

---

5 조승혁, 『도시산업선교의 인식』, 서울 : 민중사, 1981, 107~108쪽.
6 1960년대의 야학은 경제개발 가정에서 파생된 도시빈민과 경제, 문화적으로 소외된 노동자, 농민의 자제 등 정규 교육과정에서 탈락된 민중들을 대상으로 비정규 교육기관으로서 검정고시 교육을 담당하는 기능을 하였다. 1970년대로 넘어오면서부터는 이른바 '노동야학'이 중심이 되었다. 야학운동의 방법론적 토대를 제공해준 것은 프레이리의 의식화 교육 이론으로 운동 주체의 의식 형성에 중요한 역할을 하였다. 야학운동에 대해서는, 기독야학연합회, 『민중야학의 이론과 실천』, 서울 : 풀빛, 1985; 이동한, 「노동교육의 측면에서 바라본 야학소사」, 『노동 : 일터의 소리 Ⅰ』, 서울 : 지양사, 1984 참조.

한 교양과 중등과정의 교육 및 생활 실기 교육 활동을 중심으로 이루어졌다. 커피 끓이기, 수박화채 만들기, 빵 굽기 등과 같은 요리 실습이나 장갑, 양말과 같은 수공예품 만들기를 하였다. 또한 한문을 배우기도 하였다.

여성 노동자들의 욕구를 보면 도시 생활에 대한 강한 동경과 교육에 대한 열망이 뒤엉켜 있었다. 그러나 저임금과 장시간 노동으로 고급의 여가를 누릴 조건이 되지 못했으며 사회에서는 노동자들이 여가를 보낼 수 있는 단체나 공간을 보장해주지 않았다. 또한 사회적으로 육체노동에 대한 천시 풍조는 여성 노동자들이 자신의 생활 영역을 벗어나서 자유롭게 여가 생활을 갖기는 극히 어려웠던 분위기였다. 이에 비해 산업선교회에서 운영되는 소모임은 대부분 같은 처지에 있는 여성 노동자들, 특히 같은 부서 사람들로 이루어지기 때문에 서로의 처지를 이해하고 관심을 공유하기에 훨씬 친근한 것이었다. 여성 노동자들은 단순히 취미생활을 위해서 모이게 되었지만 그 과정에서 서로의 집안 사정, 기숙사 문제, 현장에서의 문제 등 생활 전반에 대한 공유가 이루어질 수 있었다. 처음에는 막연한 취미생활로 시작하였지만 서로의 비슷한 처지를 인식하게 되고 지금까지 생각해보지 못했던 '여성 노동자로서 자기가 무엇인가'라는 물음까지 이어지게 된다. 당시 영등포 산업선교회 목사의 이야기를 들어보자.

산업선교회의 교육방법은 주로 자극을 많이 주는 방법을
했어요. 여성 노동자들의 최대 관심이 음식 만들고, 꽃꽂이하
고 그런 거지. 이런 욕구는 사실 조직 운동을 하는 데 필요 없
는 욕구야. 하지만 이러한 욕구가 꽉 차 있기 때문에 그 필요
없는 욕구를 충족시키는 단계를 거쳐야 한다고. 그러면 내가
그 옆에 앉아서 이야기를 시키지. 여성들이 가슴 아팠던 경험
들, 의식하지 못하고 있었던 것들을 흔드는 거야. 자극을 주
는 거지. 그건 주로 구박의 형태로 나타나. 예를 들면 "너는
미쳤다고 너희 오빠 학비를 대냐, 미친년! 그럴 돈 있으면 너
배고플 때 짜장면이라도 사 먹고 그러지" 이런 식으로 여자
들이 처해 있는 사실에 대해서 반복적으로 이야기를 했지요.

〈사례 20〉

막연하게 무언가를 배우겠다는 열망으로 소모임을 시작한
여성 노동자들은 자신이 처한 상황을 볼 수 있도록 자극을 받
는다. 여성들은 가족 구조에서 희생양 의식과 배움의 열망
을 동시에 가지게 되었다. 배움에의 열망은 산업선교회의 소모
임 활동으로 모아졌고, 이 과정을 통해서 여성 노동자들은 희
생양 의식이 결코 당연한 것이 아님을 깨닫게 되는 것이다. 그
렇다고 지금까지 가족에서 맡았던 책임을 당장 그만둘 수 있는
것은 아니지만 여성 노동자로서 자기가 누구인가를 발견하는
과정인 것이다. 노동자가 되기 전의 여성으로서의 경험에 대
한 인식으로부터 노동자로의 정체감을 획득하게 된다. 오빠나

제6장 투쟁 경험과 조직에 의한 성장

남동생의 학비를 버는 것을 최대의 보람으로 여기는 상황은 산업 노동자로의 생활과 의식을 장악하고 있었기 때문에 이 고리를 건드리지 않으면 노동자로의 정체감을 갖기는 극히 어려운 것이었다. 소모임 활동을 통해서 여성 노동자들은 자신에 대한 새로운 발견과 자각을 하는 계기를 가졌던 것이다.

3) 노동조합 자체의 내부 교육 프로그램 마련

원풍모방의 소모임들은 입사동기나 부서별로 형성되었다. 각 개인은 소모임을 통해서 친밀한 관계를 형성하기 때문에 이 모임에 참석하지 않는 경우에는 집단에의 소속감을 획득하기 어려운 구조이다. 그러나 이러한 조건이 자동적으로 소모임을 활성화시킨 것은 아니다. 원풍모방의 비공식 조직의 활성화는 공식 조직과의 긴밀한 연계하에서 이루어졌다. 즉, 공식 조직의 대의원과 상집 간부들은 모두 소모임에 참여하는 것을 원칙으로 하였고, 노조의 간부들은 한 달에 한 번씩은 각 소모임에 참석하여 대화 형식을 통한 교육을 실시하였다.

무엇보다도 중요한 것은 소모임 활동이 주로 영등포 산업선교회와 관계하며 진행되었기 때문에 노동조합과 마찰을 일으킬 소지가 있다는 것이다. 즉 비공식 조직이 외부 단체를 중심으로 이루어지기 때문에 노조의 자주성 문제를 일으킬 수 있다. 이것은 비공식 조직이 반드시 현장 내의 공식적인 조직의 힘으로 전환되는 것이 아님을 의미한다.[7] 비공식 조직이 외부 단체의 지원에 의해 조직화가 이루어질 때 공식 조직과의 힘의 균형 관계는 무척이나 중요한 것이다.

원풍모방 노조는 이러한 구조적 조건을 보완하기 위한 방법으로 소모임 활동을 하는 사람만 따로 모아서 교육을 실시하였다. 교육 장소로는 주로 노조 사무실이나 야외를 이용하였고, 교육의 내용은 "소모임 활동이란 노동조합을 강화하기 위한 수단이며 노동조합은 노동자들이 인간답게 살 수 있는 자유와 평등이 실현되는 사회를 건설하기 위해서 없어서는 안 될 필요한 조직"이라는 사실을 알리는 데 역점을 두었다. 노동자들이 처음에는 소모임이 노동조합과 관련이 없는 줄 알았는데 교육을 통해서 비로소 자신이 노동조합의 일원으로 활동하고 있다는 사실을 깨달았다는 경우가 많았다. 이와 같이 공식 조직을 중심으로 한 비공식 조직의 교육이 이루어지지 않았다면 현장 내의 조직적인 힘으로 축적되기는 어려웠을 것이다.

초창기 민주노조가 만들어지는 과정에서 소모임은 외부 단

---

7 동일방직의 경우는 일반 조합원과 핵심적 조합 활동가 사이에 산업선교회를 둘러싼 분열상이 나타남으로써 조직화 과정에 문제가 되었다. 핵심적인 활동가들은 대량 해고된 후에, 도시산업선교회를 주모임 장소로 하고 교회 세력의 '사회여론화'에 의존하여 강고하고 끈질긴 폭로 투쟁을 벌였다. 즉 동일방직 노조는 조직 과정보다 사회문제화 과정에 더 큰 성과를 거두게 되었던 것이다.

제6장 투쟁 경험과 조직에 의한 성장

체에서 비밀리에 조직되었지만 민주노조가 정착되면서 노조의 힘으로 소모임을 조직하고 의식화 교육은 외부에서 지원하는 형식으로 이루어졌다. 외부 단체가 일종의 '노동자 학교'와 같은 역할을 하였던 것이다.

산업선교회는 원풍모방에 민주노조가 만들어지는 과정에서부터 정착화되기까지 중요한 역할을 하였다. 하지만 현장의 힘으로 축적되기 위해서는 몇 가지 조건이 필요하였다. 우선은 노동자들의 이익을 대변하는 민주노조가 존재해야 하며, 노동조합 자체의 내부 교육 프로그램이 마련되어야 한다. 그다음은 비공식 조직이 공식 조직의 힘으로 표출되기 위한 제도적 장치의 마련이 필요한 것이다.

원풍모방의 노동조합은 공식 조직과 개별 노동자를 연결해주는 몇 단계의 비공식 모임을 통해서 조직의 기동성과 단결력을 증대시켰다. 이 과정은 모두 교육과 회의를 통해서 이루어졌는데 노동조합은 훈련생과 입사한 지 1년 미만인 노동자를 대상으로 한 교육과 대의원 교육, 소모임 대표나 대의원급 이상의 활동가를 대상으로 한 중견간부 교육, 일반 조합원 교육, 대의원을 지낸 바 있는 전직 대의원 모임, 파견 교육 등 교육의 대상과 수준을 상세히 분류하여 그에 맞는 교육을 실시했다.

결국 각 노동자들은 입사한 순간부터 퇴사할 때까지 지속적인 교육과정에 참여해야 했으며 일정한 기간이 지나면 어떠한 형식으로든 간부를 맡게 되었다. 원풍모방 조직 관리의 핵심은

바로 의식 수준에 맞는 교육을 체계적으로 분류 · 실시하였고
공식 조직과 비공식 조직이 일종의 쇠사슬 모양으로 연결되어
하부에서 상층부로 의견이 수렴되는 구조를 제도화시켰다는
데 있다.

[표 8] 원풍모방 노동조합 교육 훈련 현황(1979)[8]

구 분	대 상	목 차	교육 인원	회수
훈련생 교육	직업훈련생	노동조합의 이해	270	4회
초보자 교육	입사 1년 미만자	조합원의 의무와 권리	413	10회
그룹활동가 교육	그룹활동가	그룹 활동과 노동조합	391	9회
대의원 및 간부 교육	대의원 이상	지도력 강화	75	1회
중간 간부 교육	그룹장 이상	지도력 훈련	421	9회
일반조합원 교육	전 조합원	단결력 강화	1,320	20회
대의원 모임	대의원 이상	조직 강화와 현장 문제	780	50회
수련회	그룹장 이상	인간관계 훈련	321	3회
파견 교육	대의원 이상	지도력 개발	23	6회

---

8 원풍모방 해고 노동자 복직투쟁위원회, 앞의 책, 160쪽. 이 책에는
1976년부터 79년까지의 교육 인원이 제시되었음.

제6장 투쟁 경험과 조직에 의한 성장

3 투쟁 경험에 의한 단결력 증진

여성 노동자들은 비공식 조직에의 참여와 교육과정을 통해 의식의 변화를 경험하며, 이러한 과정을 통해서 단결의 중요성에 대해서 깨닫게 된다. 하지만 직접적인 체험의 과정이 없이는 '자기화'되기 어렵다. 원풍모방은 1972년 노조 민주화투쟁에서 시작하여 1982년 공권력에 의한 물리적 탄압에 의해 민주노조를 빼앗기기까지 다양한 수위의 투쟁 경험의 축적에 의해서 조직의 단결력과 투쟁성을 높일 수 있었다.

투쟁의 방법은 크게 세 가지로 구분되는데 파업과 준법투쟁, 외부와의 연대투쟁에의 참여이다. 투쟁이 이루어지는 공간에 의해 분류해보면 회사 내에서 이루어지는 임금 인상 투쟁이나, 상여금 요구 투쟁, 단체교섭 등이 있으며, 회사 밖의 경찰서나 구치소 방문, 재판 참여가 있다. 이외에도 연대운동에의 참여

형태가 있다. 노동조합의 지도부는 의도적으로 투쟁을 계획하고 준비함으로 새로 입사한 여성 노동자들이 직접 싸움에 참여하는 경험을 통해서 보람과 노동조합의 중요성을 느끼게 하였다.

가장 대표적인 사례는 1979년에 일어났던 파업이다. 파업이 일어난 발단은 양성공들에게만 상여금이 지급되지 않았기 때문이다. 이 문제로 전 공장의 가동이 중지되고 2시간 만에 회사 간부가 상여금을 지급함으로써 문제를 해결하였다. 당시 파업이 법적으로 금지되어 있는 상황에서 이 사건은 자연발생적으로 일어난 것처럼 이루어졌기 때문에 어떠한 법적 구속도 받지 않았다. 하지만 이것은 노동조합 지도부가 극히 비밀리에 주도면밀하게 준비한 파업이었다. 왜 그랬는지 당시 노조 간부에게 들어보자.

양성공 90명 상여금이 안 나오는 문제는 가서 소리 한 번만 지르면 나오는 것이기 때문에 쉬워요. 하지만 그렇게 해결하는 것은 좋은 게 아니에요. 이것은 명백한 차별대우거든요. 몽땅 다 여성들이었어요. 이것을 해결하는 새로운 각도를 가져야 하는데 하나는 당사자들이 느껴야 하고 다른 하나는 다른 조합원들이 '양성공들에게 돈을 안 주는 문제는 별것 아니다' 그런 마음을 깨야 하는 거죠. 그래야만 다음 단계에 활동하는 사람들이 노동조합 활동에 적극성을 내게 되니까. 이건

일반 조합원들이 양성공들의 문제를 해결해주는 것으로 해야
하니까 파업으로 가는 거죠. 한쪽에서는 노동조합에서 농성
을 하게 만들고 다른 한쪽에서는 그것을 이유로 파업을 하게
만들고 그런데 노조에서는 전혀 개입을 하지 않은 것으로 빠
져나가면서 파업을 했어요.   〈사례 2〉

노동조합은 모든 문제를 해결하는 '해결사'가 아니라 의견을
민주적으로 수렴하여 집행하는 기구로 자리 잡았던 것이다. 여
성 노동자들은 이러한 투쟁 경험을 통해서 지금까지 익혔던 사
고방식과는 달리 새로운 규율과 규칙들을 익히게 된다. 노동조
합 지도부들의 계획적인 투쟁의 형식들은 미혼여성의 단기 노
동력이라는 특성들을 보완해주었다. 10년이라는 시간 동안 민
주노조를 지속시키면서 그 투쟁성과 단결력을 유지하기 위해서
노조 지도부는 의식적인 투쟁의 계기를 만들었던 것이다.
  이러한 다양한 형태의 투쟁에 참여함에 따라서 여성 노동자
들은 노동조합에 대한 강한 믿음을 형성한다.

노동조합이 신 같더라구요. 어용노조가 있을 때는 12시간씩
교대근무를 했어요. 쉬는 날도 없었고… 거의 그렇게 생활을
하다가 민주노조가 만들어지고 확 바뀌니까 노조가 신이 아닐
수 없지. 상여금, 퇴직금도 주고, 8시간 노동에 잔업도 원하는
사람만 하게 되니까. 근로기준법 하나가 신이야. 그러니까 하
나하나 알아간다는 그 자체가 우리를 움직이게 했던 것 같아

요. 그때는 아주 신나게 잠도 안 자고 했어요.　　　　〈사례 1〉

　'노동조합이 곧 신이었다'라고 이야기하는 이 여성 노동자에게 노조는 일종의 신앙의 형태로 뿌리내렸다. 왜일까? 이전에 자신이 경험했던 부당한 공장 생활을 당연한 것으로 체념적인 형태로 받아들였다가, 이것에 대한 도전과 변화를 가능하게 했던 새로운 노동조합에 대한 믿음의 표현이었을 것이다. 노동조합의 요구가 법에 근거한 것이라는 사실은 여성 노동자들 스스로 쉽게 정당성을 부여하는 주요한 근거가 되었다. 새로운 문화와 질서, 인간관계 속에서 여성 노동자들은 비로소 '인간화되는 것'을 느낄 수 있었고 이러한 경험은 이론적인 것이 아니라 체험 속에서 단결의 필요성을 배우게 된다.

　　재미있었어요. 몇백 명이 만나서 같이 노래 부르고, 밤새고… 두려운 게 없었어요. 일 년에 한 번 이상은 꼭 농성을 해요. 임금인상 교섭 때. 목이 꽉 잠겨서 말이 안 나와도 재미있었어요. 개인적으로는 안 된다, 일 대 일로는 절대 안 된다는 것, 우리는 머리 숫자 가지고 싸운다는 것을 알았죠.
　　　　　　　　　　　　　　　　　　　　　　　〈사례 7〉

　　그 당시에는 노동자들은 서로 시기를 하고 질투를 해서 단결이 안 된다, 무조건 안 된다뿐이었어요. 그런데 천 명이 넘는 사람들이 기계를 딱 끄고 운동장에 모였는데 그렇게 눈물이 나더라구요. 그 당시에는 노래도 없었어요. 그때 우리도 할 수 있구나, 우리의 힘이 이렇게 크구나를 느꼈던 거예요. 평소에는 우리들 위에서 군림하고 우리의 목을 쥐었다 놓았다 하던 사람들이 우리들 앞에서 절절매는 모습을 보니까 통쾌한 거예요. 〈사례 1〉

각 개인은 힘이 없어도 단결만 하면 그 위력이 대단하다는 것을 확인하면서 여성 노동자들은 동료에 대한 강한 믿음과 신뢰를 형성하였다. '머리 숫자'를 채워준다는 것은 동료와 집단에 대한 최소한의 의무로 받아들였다. 단결의 위력은 이기는 싸움을 만들고 이러한 경험은 두려움보다는 신나는 것으로 받아들여졌다. 여성 노동자들은 사회로부터 냉대와 멸시를 받으면서 스스로에 대한 자기 비하에 익숙해 있다가 거대한 힘에 대한 도전을 시도하는 과정에서 통쾌함과 자신의 힘에 대한 새로운 자각을 하게 되었다.

이러한 경험은 경찰서 방문과 구치소 방문, 재판 참여 경험 과정에서 구체화된다. 평소에 여성 노동자들은 관에 대한 막연한 두려움을 느꼈으나 몇 명씩 조를 짜서 항의 농성을 하는 과정에서 자연스럽게 관에 대한 두려움을 극복할 수 있었다. 원풍모방에서는 지부장이 구속될 때마다 각 경찰서에 항의를 한다거나, 1,400여 명의 여성 노동자들이 집단적으로 구치소에 찾아가서 면회를 요구하기도 하였다. 노동조합의 지도부는 하루에 한 번밖에 면회가 허락되지 않았다는 것을 알면서도 의도적으로 2~3회씩 면회를 요구하였다고 한다. 그 이유는 여성 노동자들을 결속시키고 관에 대한 두려움을 갖지 않도록 하기 위해서 실시한 방법이었다.

지부장이 구속될 때 20명씩 조를 짜서 서울 시내를 다 돌아다녔어요. 그때는 너무너무 신나더라구요. 우리들의 소모임 힘을 보여줄 수 있는 거에 대해서 너무너무 신나고 경찰하고 싸워서 이겼을 때 너무너무 신나더라구요. 그때도 지부장이 구속되셨는데 바로 나오셨거든요. 봐라! 천팔백 명이 모이면 여기서 일어나는 문제는 다 해결할 수 있다. 모이면 된다는 생각이 들었어요. 〈사례 6〉

재판을 많이 다녔어요. 우리가 학력 수준은 낮아도 교육을 많이 받으니까 똑똑해요. 실제로 재판에 참석하면서 많이 알게 되었어요. 매주 안 다니는 곳 없이 다녔어요. 잠을 거의 안 자고 다녔으니까. 지부장이 연행되었을 때 경찰서에 가서 농성을 했는데 12시가 다 되었어요. 그래서 차를 내달라고 막 우겨서 그 차를 타고 회사까지 왔죠. 그 배짱이 어디에서 나왔는지… 아마도 개인이 아니라 단체로 움직였기 때문에 가능했겠죠. 〈사례 1〉

여성 노동자들은 회사 내에서의 집단행동뿐만 아니라 회사 밖의 관공서 항의 농성을 통해서 끊임없이 단결의 필요성을 인식하게 되었으며 강한 동료애를 유지하게 되었다. 이러한 경험에서 가장 중요한 것은 자신에 대한 새로운 인식이다. 공장노동자에 대한 사회적 멸시 속에서 자신의 직업을 떳떳이 밝힐 수 있는 경험을 갖기란 얼마나 어려운 일인가? 그러나 끊임없는 교육의 과정과 실제 집단행동을 통한 자신의 힘에 대한 자각은 '자아'에 대한 새로운 인식을 하게 된다.

공장 노동자는 '공순이'라는 표현을 많이 했어요. 대체로 직업을 숨기고 그랬죠. 그 얘기를 자신 있게 할 수 있었던 게 78년도, 79년도쯤 되었던 것 같아요. '우리가 공순이란 게 얼마나 자랑스럽냐? 우리가 만든 제품이 수출이 잘 돼서 수출상도 타고…' 뭐 이런 게 있잖아요. '우리의 상품이 세계에 나갈 수 있다는 게 얼마나 자랑스럽냐?' 이런 것들이 노동자들에게 자기에 대한 삶의 가치관으로 인식시키면서 '나는 ○○공장 ○○부서에서 일합니다'라고 소개를 하도록 교육을 일상적으로 시키니까 한 4, 5년 지나니까 자기 직업에 대해서 자랑스럽게 이야기할 수 있었던 것 같아요. 〈사례 5〉

그 당시 방직공장 다닌다고 하면 무식하게 스스로 대했고 얼버무리고 그랬죠. 노동조합을 하면서 신기하게 내 자신의 한 사람에 대한 자부심과 위대함이 보여지면서 내 존재가치를 느끼게 되는 거예요. 전태일에 대해서 알게 되면서 전혀 다른 문제가 아니라 같은 문제이고 내 안에서 꿈틀거리는 분노를 느꼈죠. 너무 억울하게 살아온 게 아닌가. 그러나 늦지 않았다.

〈사례 4〉

시골에서 올라온 미혼의 여성 노동자들이 이렇게 변화되기까지는 그리 많은 시간을 요구하지 않았다. 어린 시절부터 경험했던 차별과 분노는 산업 노동자로서 겪어야 했던 삶의 방식과 맞닿아 있었다. 여성 노동자들은 새로 만들어진 질서와 문화, 인간관계 속에서 전에 경험하지 못했던 새로운 것들을 경험했고, 이것은 다시 새로운 질서를 창출하는 힘으로 모아졌다.

제6장 투쟁 경험과 조직에 의한 성장

맺음말

1970년대 여성 노동운동을 기억해야 하는 이유

1970년대 여성 노동자들이 중심이 되어 이끌었던 민주노조 운동은 전 세계 유례를 찾기 어려울 정도로 매우 특별한 의미를 갖는다. 저연령 미혼여성 노동자들은 유순하고 순종적이라 노동운동의 조직화를 방해하고 투쟁력을 약화시킨다는 통념이 한국 사회에서는 맞지 않았다. 1970년대 민주노조 운동은 여성 노동자들의 높은 의식과 투쟁력을 바탕으로 전개되었다.

1970년대 중반부터 여성 노동자 중심으로 이루어진 민주노조 운동은 매우 치열하면서도 조직적이고 체계적인 성격을 띠었으며 대부분의 투쟁에서 승리하여 조합원의 실질적인 노동조건을 크게 향상시켰다. 노동운동이 제1세대 여성 노동자들에 의해 주도되었다는 사실과 강력한 억압 조치들에 의한 국가의 노동 통제도 노동조합의 활성화를 전적으로 억누르지 못했다는 사실은 여성 노동운동사에서 그 의미가 매우 크다고 할 수 있다.

하지만 산업화 시기 여성 노동운동에 대한 평가는 왜곡되고 폄하되었다. 1970년대 여성 노동운동이 조직적이고 격렬한 운동을 전개할 수 있는 배경으로 지적되었던 여성 노동자의 수적 증가, 장시간 노동과 열악한 노동조건, 가족 부양의 의무가 없는 2차 노동자라는 평가는 70년대 여성 노동운동의 의미를 평가절하했을 뿐만 아니라 여성 노동운동의 근본적인 한계를 암시하는 이데올로기를 유포시키는 데 공헌했다는 점에서 그 심각성이 있다. 한국 노동운동사에 있어서 1970년대 여성 노동운동은 1980년대 중반까지 한국 노동운동을 주도했지만 이에 대한 인정과 평가는 제대로 이루어지지 않았다. 이러한 비가시화의 결과, 1987년 6월항쟁 이후 중화학 공업의 남성 노동자들이 중심이 된 노동자 대투쟁이 발생하면서 여성 노동자들은 급속히 주변화되었다. 중화학공업 노조가 전체 노동운동에서 큰 영향력을 갖게 되면서 1970년대 여성 노동운동은 자연발생적이며, 경제주의적이며, 수동적인 계급 연대와 정치의식이 부족했던 운동으로 평가되었다. 1970년대 여성 노동운동이 노동운동의 질적 발전에 커다란 장애가 되었다는 평가도 학계에서 나왔다.

한쪽(정부)에서는 우리를 용공으로 몰고 다른 쪽(지식인 집

단)에서는 경제주의다, 노동조합주의다, 무슨무슨 주의다 그
러면서 우리를 몰아붙였어. 우리는 어느 곳에도 갈 곳이 없었
어. 우리는 우리의 청춘을 송두리째, 목숨을 걸고 싸운 거야.
어느 누구도 우리들이 개인적으로 감당해야 했던 갈등과 아
픔에 대해서는 관심을 갖지 않았지.　　　　　　　〈사례 9〉

　　1970년대 여성 노동운동에 대한 지식인들의 평가는 칼날이
되어 여성 노동자들의 가슴에 깊은 상처를 남겼다. 연구를 위해
70년대 여성 노동운동을 했던 분들을 찾아서 인터뷰 요청을 했
을 때 기꺼이 응낙해준 경우는 거의 드물었다. 대부분 심한 거
부감을 보였고, 어떤 분은 인터뷰 자체를 거부하기도 했다. "다
지난 이야기를 무엇 때문에 새삼스럽게 꺼내는 거냐?", "언제
우리들에게 물어보고 글을 썼냐?", "이미 자료도 다 나와 있는
데 뭐가 더 궁금하냐?" 등 인터뷰 자체를 피하려 했다.
　필자가 만났던 여성들은 1970년대 섬유업에서 일했던 경험
을 가지고 있지만 지금은 다른 부문에서 다양한 모습으로 열심
히 살고 있다. 과거의 이야기를 회상해야 한다는 것 그리고 그
녀들의 삶에서 가장 열정적으로 살았던 시기였기 때문에 가슴
에 남아 있는 상처들도 다른 어떤 기억보다 절절하게 남아 있
었다. 다시 그 기억을 떠올리고 끄집어내야 하는 상황 자체가
그녀들에게 당혹스러운 경험이었다. 하지만 생애사에 초점을
맞추어 이야기가 진행되면서 당시의 기억들이 생생하게 되살

아났고 한참을 울다가 다시 이야기를 시작해야 하는 경우가 많았다. 개인의 삶에서 가장 열정적으로 세상을 접하고 새로운 자신를 발견하고, 변하는 자신에게 또 한 번 놀라고, 어떤 모습으로 살든 이후의 삶에 가장 중요한 영향을 미쳤던 노동운동의 경험 속으로 들어가야 했다.

잊혀진 여성 노동운동의 역사를 복원하기 위해서는 여성 노동자의 목소리에 귀를 기울여야 한다. 여성 노동운동에 참여했던 여성들의 경험과 기억이 가시화될 수 있도록 해야 한다. 기억 속으로 묻혀버린 질적인 사회 인식과 사건들의 해석을 여성 노동자의 목소리를 바탕으로 재구성해야 한다. 유신 체제하의 폭압적인 노동 탄압하에서 여성 노동자들은 왜, 어떻게 저항했을까?

이 책은 1970년대 여성 노동운동의 역사를 기억하기 위해서 구술생애사 방법을 선택하였다. 여성 노동자들은 어떠한 과정을 통해서 운동에 참여하게 되었는가? 공장을 중심으로 한 생산 활동뿐만 아니라 주거 공간, 여가 형태를 포함한 생활 세계를 살펴보았다. 각 개인의 생애사에 초점을 맞추어 여성 노동자들의 삶에 뿌리를 둔 경험에 대한 이해로부터 노동운동이 활성화된 역사적 조건을 찾으려고 노력했다.

1970년대 여성 노동자들은 농촌에서 이농한 경우가 대부분이다. 어린 시절에 경험했던 농촌 생활은 서로의 생활이 공개되는 특징을 지니며 서로 돕고 사는 것을 자연스럽게 체득하는 문화이다. 여성 노동자들이 집을 떠나게 되는 동기를 살펴보면 경제적 어려움에 의한 실질적인 가족 부양자로서 돈을 벌기 위해서 공장 노동자를 선택한 경우가 있고, 경제적으로 어렵지는 않더라도 딸자식에 대한 교육 기회가 박탈되는 경험 때문에 집을 떠나게 되는 경우도 있다.

공장 노동자로의 취직 과정은 보통 혈연 관계나 지연 관계를 통해서 이루어지는데, 이러한 관행은 고용 관계가 노동력을 둘러싼 계약 관계라는 관념을 희박하게 만들었다. 또한 윗사람에 대한 복종과 공경을 중요한 가치로 받드는 전통문화에 익숙한 여성 노동자들이 노동자로서의 의식을 갖기 어렵게 했다.

하지만 낯선 도시 생활의 적응 과정은 동료들과의 연대를 더욱 돈독하게 만들었다. 가난했던 어린 시절로 인한 소외감의 공유와 가족에 대한 경제적 부양이나 형제들의 교육을 책임지겠다는 공통의 책임과 희망, 힘든 노동 속에서 서로 의지하고 기대려는 공통의 욕구는 강한 결속력을 바탕으로 한 인간관계를 맺도록 했다. 또한 여성 노동자들의 가족 내에서의 공통의 경험은 노동운동에 적극적으로 참여하게 되는 중요한 조건이 되었다. 즉, 여성 노동자들은 공통적으로 교육의 기회를 차단당하는 경험을 하였다. 오빠나 남동생의 교육을 위해서 그들은 공장 노동자가 되어야 했다. 이러한 경험은 공장 노동자가 된 후에도 끊임없이 교육에 대한 열망을 갖게 만드는 구조가 되었다. 교육에 대한 열망은 노동조합이나 외부 단체의 교육 프로그램에 적극적으로 참여하게 되는 계기를 제공하였으며 이러한 과정을 통해서 노동자로서의 존재를 자각하게 되었다. 가족이라는 테두리가 여성 노동자들에게 계속되는 희생과 책임을 부여함에 따라서 독립적인 인격으로 성장하는 것에 제한을 받았지만, 가족 내에서 겪었던 차별적인 경험은 공장 생활에서 강요되었던 강제와 비인격적인 관행에 수동적으로만 규정되는 존재를 넘어서게 만들었다.

그녀들이 일했던 모방직공업 분야 생산기술 특성상 기계에 의한 자동화 공정이 완전히 전 공정에서 이루어지지 않았으며 공정 사이에 수작업의 틈이 남아 있었다. 기계를 작동시키는 방법을 익히고, 끊어진 실을 빨리 잇고, 제품을 식별하는 능력이 요구되었다. 그러나 1년 정도면 기능공으로서의 능력을 갖추게 되며 여성 노동자들의 노동은 동질의 성격을 나타낸다. 노동 통제의 특성은 단순 인격적 통제와 성별의 차별화에 기반한 위계적 통제로 이루어졌다. 시끄러운 기계 소리와 기계의 배치는 노동자들 간의 의사소통 기회를 어렵게 하며 위계적 통제는 여성 노동자들의 연대감을 형성시키는 데 장애 요인으로 등장하였다. 하지만 동질의 노동력이 형성되었다는 점과 단순 인격적 통제에 의한 불만의 누적은 집단적으로 공통의 이해관계를 형성하는 계기가 되기도 하였다.

이러한 객관적인 조건 속에서 집단행동이 성공할 수 있었던 조건은 훈련 과정을 통해서 형성된 여성 노동자들 간의 연대와 생산관리 체계와 노조 대표 체계 간의 일치였다. 이러한 조건은 노동 통제의 영향력을 약화시키는 결정적인 요인이었으며 이에 기반하여 저항 전략으로서의 생산량 감축 운동을 성공시킬 수 있었다. 이외에도 폭력과 협박에 의한 '내리누르기식' 관리는 노동자들에게 단결의 필요성과 공통의 피해자라는 의식을 형성하여 결속력을 증대시키는 조건이 되었다.

생산을 둘러싼 다양한 사회적 관계뿐만 아니라 기숙사와 여가 생활을 통한 일상생활의 결합에 의해 단결력이 형성되었다. 기숙사를 중심으로 한 집단 생활은 여성 노동자들의 단결력을 증진시키는 원천이었다. 기숙사 운영의 효과는 여성 노동자들이 최저의 비용으로 생활할 수 있게 함으로써 저임금으로 인한 불만을 완화시켜주며 이러한 조건은 저임금의 풍부한 노동력을 확보해주는 중요한 조건이었다. 노동력 공급 체계로의 효과 외에도 기숙사는 노동자들의 통제를 용이하게 하는 공간이었다. 그러나 기숙사 자치회를 구성하면서 회사의 감시와 통제를 일정 정도 방어할 수 있게 되었고 기숙사를 중심으로 한 여가 생활의 의식적인 조직화로 기숙사는 여성 노동자들 간의 일상적인 생활의 결합에 의한 단결력을 증진시키는 공간으로 자리 잡았다. 기숙사라는 공간은 신입 노동자들이 낯선 도시 생활에 적응하도록 도와주기도 하고, 동료들 간의 정서적 결합으로 서로에 대한 신뢰를 기반으로 강한 자매애를 형성하게 하였다.

여성 노동자들이 보여준 단결력은 단지 생산 영역에서의 동질감뿐만이 아니라 일상생활의 결합에 의한 것임이 밝혀졌다. 이러한 특성은 조직화 방식에도 반영되어 비공식 조직의 활성화로 나타났다. 이 비공식 조직은 민주노조를 만드는 과정에서는 비밀리에 조직되었으며 전위적인 조직의 성격을 띠었다. 그러나 민주노조가 만들어진 후에 비공식 조직은 공개적으로 조직되었고, 공식 조직과 연결되어 공식 조직과 개별 노동자 간의 의사소통 채널을 제도적으로 보장하였다. 비공식 조직은 여성 노동자들의 정서와 욕구를 채워주는 기회를 보장하며, 여성 노동자들은 이 모임을 통해서 집단에의 소속감을 획득하였다.

여성 노동자들은 경험적으로 공식적인 인간관계에 익숙하지 않기 때문에 이러한 비공식적인 인간관계에 기초한 생활의 공유가 전제되지 않는 한 공식적인 조직에 참여하기가 어렵다. 신입 여성 노동자가 노동조합의 간부로 성장하게 되기까지 과정을 살펴보면 대부분 몇 단계의 비공식 조직에 참여하며 교육과 훈련을 받으면서 공식 조직의 간부를 맡기에 이른다.

그러나 비공식 조직의 소모임 활동이 도시산업선교회와 관계하며 진행되었기 때문에 노동조합과 마찰을 일으킬 소지가 있었다. 공식 조직을 중심으로 한 비공식 조직의 교육이 이루어지지 않았다면 현장 내의 조직적인 힘으로 축적되기는 어려웠을 것이다. 또한 다양한 형태의 투쟁 경험의 축적은 여성 노동자들의 의식을 증진시키는 조건이 되었다.

1970년대 여성 노동운동은 단지 저임금 장시간 노동의 열악한 조건에 의한 필연적인 저항은 아니었다. 이러한 조건은 집단적인 조직 운동이 촉발하는 계기를 제공하긴 했지만 이것이 조직 운동의 활성화로 바로 연결되는 것은 아니다. 노동력의 특성이 농촌에서 올라온 어린 여성이라는 사실은 조직화하기에 많은 어려움으로 작동되었다. 농촌의 전통적인 관습이 여성들에게 유순함과 순종성을 강요하였고 결혼 전까지만 노동을 한다는 관행은 여성들에게 계급적 정체감을 형성하기 어렵게 하는 조건이었다. 하지만 가부장적 가족 구조에서 경험한 공통의 차별적인 경험은 공통의 한으로 모아졌고 이것은 노동운동을 활성화시키는 중요한 조건이 되었다.

당시 노동조합과 외부 단체의 교육 프로그램에 참여하는 여성 노동자들의 열정에 주목할 필요가 있다. 왜냐하면 여성 노동자들은 저임금이나 장시간 노동에 대한 불만으로 노동운동에 참여하기보다는 교육과정을 통해 자신의 존재를 자각하는 경우가 많았다. 따라서 배움에 대한 열망으로 가득 찬 여성 노동자의 욕구를 누가, 어떠한 방식으로 조직하는가가 핵심 관건이었다. 이러한 배경에 의해 종교 세력과 지식인들의 의식화교육 프로그램을 통한 여성 노동자들의 조직화는 매우 중요한 의미를 지닌다.

영등포 지역에서 여성 노동자들의 집단행동이 이루어진 대표적인 사업장을 살펴보면 모두 영등포 산업선교회에서 소모임 활동을 해오던 여성들을 중심으로 집단행동이 이루어졌다.

1973년 장시간 강제 노동, 강제 예배 폐지를 요구한 대한모방 노동자들의 근로조건 개선 투쟁, 1973년 잔업수당 및 근로조건 개선을 요구한 경성방직 노동자들의 투쟁, 1976년 해태제과 여성 노동자들의 특근 거부 투쟁과 8시간 노동투쟁, 1976년 남영나일론 노조의 개편 및 임금 인상 투쟁, 1977년 방림방적에서의 체불임금 요구 투쟁 등은 영등포 도시산업선교회원을 중심으로 진행되었다. 그러나 대부분의 사업장에서는 이러한 투쟁이 지속적으로 현장 내의 조직적인 힘으로 축적되지 못했다. 그 이유는 각 사업장에서는 노동자들의 이해와 요구를 실현할 민주노조가 만들어지지 않았기 때문이다.

여성 노동자들은 기업과 정부뿐만이 아니라 어용노조와도 싸워야 했다. 외부 단체에 의한 노동자들의 의식화 교육은 여러 사업장에서 저항이 일어날 가능성은 제공해주지만 그것이 지속적인 조직화로 이끌어지기 위해서는 민주노조가 그 중심에 있어야 했다. 1970년대 민주노조 사업장의 공통적인 점은 노동조합이 교육의 주체였다는 것이다. 산업체 부설학교를 운영했던 대부분의 사업장은 타 기업에 비해서 아무리 조건이 열악할지라도 노동운동이 진행되지 않았다. 이에 비해 민주노조가 튼튼히 자리 잡은 곳은 체계적인 교육 프로그램이 있었다. 이러한 사실은 경제주의적인 접근 방법으로는 보이지 않는 부분이다. 노동운동을 구성하는 주체들의 삶에 대한 이해와 그들의 경험으로 깊게 들어가려는 노력은 노동운동의 성격을 밝히는

데 필요한 부분이다.

이 책은 1970년대 여성 노동자의 경험과 기억을 통해서 비가시화되었던 여성의 경험을 복원하여 분석하고자 하였다. 70년대 여성 노동운동이 활성화된 조건이 단지 생산 영역 내의 조건 즉, 저임금이나 열악한 노동조건에만 기인한 것이 아니었다. 생산 영역 이외의 노동력이 형성되는 과정과 여성 노동자들의 일상생활은 70년대 여성 노동자들이 노동운동에 참여하는 주요한 동력이었다. 여성 노동자들의 연대와 투쟁의 경험을 통해서 여성들의 저항 정신 그리고 연대의 정신을 살펴볼 수 있다. 연대할수록 강해졌던 여성 노동운동의 경험 그리고 차별에 대한 새로운 자각, 평등한 세상을 꿈꿨던 그녀들의 이야기는 현재를 살아가는 우리들에게 용기와 희망을 갖게 해준다.

참고문헌

1. 자료

『경제활동인구연보』(1973), 경제기획원.

『광공업센서스보고서』(1963), 경제기획원.

『주요경제연감』(1962~1980), 경제기획원.

『한국통계편람』(1972~1979), 경제기획원.

『매월노동통계조사보고서』(1972), 노동부.

『직종별 임금실태 조사보고서』(1971), 노동부.

『산업과 노동』(1971-1979), 노동청.

『제2차 경제개발 5개년 계획』(1966), 대한민국정부.

『수출통계』(1972~1978), 상공부

『사업보고』(1973), 전국노동조합총연맹.

『경제통계연감』(1971~1979), 한국은행.

2. 국내 문헌

강이수, 「1930년대 면방대기업 여성노동자의 상태에 관한 연구」, 이화
　　여자대학교 사회학과 박사학위 논문, 1992.

기독교야학연합회, 『민중야학의 이론과 실천』, 서울 : 풀빛, 1985.

김경일, 「E.P. 톰슨의 사회사와 계급이론」, 사회사연구회 편, 『사회사연
　　구의 이론과 방법』, 서울 : 문학과지성사, 1988.

김백산, 「70년대 노동자계층의 상태와 성장」, 『민중』 1권, 서울 : 청사,
　　1983.

김성국, 「산업화와 노사갈등」, 한국사회학회 편, 『한국사회와 갈등의 연
　　구』, 서울 : 현대사회연구소, 1985.

김윤환, 「산업화 단계의 노동문제와 노동운동」, 『한국사회의 재인식 1』,
　　서울 : 한울, 1985.

김인동, 「70년대 민주노조 운동의 전개와 평가」, 김금수 · 박현채 편, 『한
　　국노동운동론』, 서울 : 미래사, 1985.

김중섭, 「사회운동분석의 대안적 접근 방법」, 『사회학연구』, 서울 : 대영
　　사, 1985.

김지수, 「한국 여성노동운동의 현황과 과제」, 여성사연구회 편, 『여성
　　22』, 서울 : 창작사, 1988.

김진균 · 임영일, 「노동자의 의식과 행동」, 서울대학교 사회학연구회 편,
　　『현대자본주의와 공동체 이론』, 서울 : 한길사, 1987.

김형기, 『한국의 독점자본과 임노동』, 서울 : 까치, 1987.

김희정, 「산업체 특별학급 취학노동자에 관한 연구」, 이화여자대학교 사
　　회학과 석사학위 논문, 1990.

동일방직 복직투쟁위원회, 『동일방직 노동조합운동사』, 서울 : 돌베개,
　　1985.

미키오 스미야, 『한국의 경제』, 서울 : 한울, 1983.

바바라 뒤 부아, 「열정적인 학문 : 여성 해방주의 사회과학에 있어서의 가치, 인식과 방법에 관한 소고」, G. 볼스 · R.D. 클레인 편, 『여성학의 이론』, 정금자 역, 서울 : 을유문화사, 1986.

박　희, 「한국의 산업화와 노동운동」, 『현상과 인식』 제10권 4호, 1986.

박민성, 「현단계 노동운동의 평가와 전망」, 『현실과 전망 1』, 서울 : 풀빛, 1984.

박영기, 「면방산업」, 『노사관계 사례연구』, 서울 : 한국개발연구원, 1982.

박영식, 「70 · 80년대 노동운동에 대한 소고」, 『민중』 2권, 서울 : 청사, 1985.

박준식, 「한국에 있어서 노동조합과 정부의 관계」, 연세대학교 사회학과 석사학위 논문, 1985.

――――, 「톰슨의 노동계급 형성론」, 『사회학 연구』, 서울 : 대영사, 1987.

――――, 「중공업 대기업에서의 노사관계 유형에 관한 연구」, 연세대학교 사회학과 박사학위 논문, 1991.

서영주, 「여성 노동자운동의 현황과 과제」, 『이화 42』, 1989.

서형실, 「식민지 시대 여성노동운동에 관한 연구」, 이화여자대학교 대학원 여성학과 석사학위 논문, 1990.

석정남, 『공장의 불빛』, 서울 : 일월서각, 1984.

신경아, 「한국의 수출지향적 공업화와 여성노동」, 서울대학교 대학원 사회학과 석사학위 논문, 1985.

신광영, 「E.P. 톰슨과 사회사」, 한국사회사연구회 편, 『노동계급 형성이론과 한국사회』, 서울 : 문학과지성사, 1990.

――――, 「서구 사회사 연구의 동향」, 『사회사연구의 이론과 실제』, 한국사회사연구회 편, 서울 : 문학과지성사, 1990.

신인령, 「한국의 조직노동자와 여성」, 『여성 · 노동 · 법』, 서울 : 풀빛,

1985.

──, 「한국의 여성노동문제」, 『한국자본주의와 노동문제』, 서울 : 돌베 개, 1985.

양효식, 「EP. 톰슨의 계급이론 : 유물론적 비판」, 성균관대학교 대학원 사학과 석사학위 논문, 1988.

여성평우회, 「한국여성운동에 대한 재평가 2」, 『여성평우』 3호, 1985.

유동우, 『어느 돌멩이의 외침』, 서울 : 청년사, 1983.

유의영, 「인구이동과 도시화」, 서울대학교 사회과학대학 인구 및 발전문 제연구소 편, 『한국사회 : 인구와 발전』, 서울 : 고려서적, 1978.

이동한, 「노동교육의 측면에서 바라 본 야학소사」, 『노동 : 일터의 소리 I』, 서울 : 지양사, 1984.

이수인, 「노동계급 형성론에 대한 일 연구」, 『노동계급 형성이론과 한국 사회』, 서울 : 문학과지성사, 1990.

이옥경, 「70년대 대중문화의 성격」, 한국기독교사회문제연구원 편, 『한 국사회변동연구』, 서울 : 민중사, 1984.

이은숙, 『현단계 민중교육론』, 서울 : 백산서당, 1987.

이은진, 「한국의 노동쟁의 II」, 『한국자본주의와 임금노동』, 서울 : 화다, 1984.

이종오, 「80년대 노동운동론 전개 과정의 이해를 위하여」, 한국기독교산 업개발원 편, 『한국노동운동의 이념』, 서울 : 정암사, 1988.

이태호, 「1970년대 노동운동의 궤적」, 『실천문학』 4권, 1983.

──, 『불꽃이여 이 어둠을 밝혀라』, 서울 : 돌베개, 1984.

──, 『최근노동운동기록』, 서울 : 청사, 1986.

임영일, 「노동자의 존재조건과 의식」, 『한국 자본주의와 노동문제』, 서 울 : 돌베개, 1985.

원풍모방 해고노동자 복직 투쟁위원회, 『민주노조 10년』, 서울 : 풀빛,

1988.

장남수, 『빼앗긴 일터』, 서울 : 창작과비평사, 1984.

전YH노동조합 · 한국노동자복지협의회, 『YH노동조합사』, 서울 : 형성
사, 1984.

전영기, 「비제도적 노동운동의 특성에 관한 연구」, 서울대학교 대학원
정치학과 석사학위 논문, 1986.

정대용, 「재야 민주노동운동의 전개과정과 현황」, 한국기독교산업개발
원 편, 『한국 노동운동의 이념』, 서울 : 정암사, 1988.

정명자, 「1분에 140보 뛰고 일당 870원」, 민족문학작가회의 여성문학분
과위원회, 『내가 알을 깨고 나온 순간 : 여성문인 21인의 자전적
에세이 모음』, 공동체, 1989.

정진호, 「노동운동의 연구현황과 전망」, 『한국사회연구』 제5호, 서울 : 한
길사, 1987.

정현백, 「여성 노동자의 의식과 노동세계」, 『노동운동과 노동자문화』, 서
울 : 한길사, 1991.

제일모직공업주식회사, 『모직 20년사』, 1974.

조승혁, 『도시산업선교의 인식』, 서울 : 민중사, 1981.

조순경, 「산업의 재편성과 여성 노동운동」, 『아시아문화』 제6호, 서울 :
한림대학교 아시아문화연구소, 1990.

조영래, 『전태일평전』, 서울 : 돌베개, 1991.

최병수, 「노동운동의 평가와 새로운 전망」, 『노동 : 일터의 소리』, 서울 :
지양사, 1984.

최장집, 『한국의 노동운동과 국가』, 서울 : 열음사, 1989.

최재현, 「일하는 이들의 삶의 이야기」, 김병결 · 채광석 편, 『민중, 노동
그리고 문학』, 서울 : 지양사, 1985.

테다 스카치폴 편, 『역사 사회학의 방법과 전망』, 박영신 · 이준식 · 박희

역, 서울 : 대영사, 1984.

하비 J. 케이, 『영국의 마르크스주의 역사가들』, 양효식 역, 서울: 역사비
평사, 1988.[원제 Kaye, Harvey Jordan, *The British Marrist Histo-rians*, 1984]

한국기독교대표협의회, 『70년대 노동현장과 증언』, 서울 : 풀빛, 1984.

한국노동조합총연맹, 『조직여성근로자의 실태조사보고』, 1983.

한국여성유권자연맹, 『여성근로자 실태조사 보고서 : 구미, 구로 공단을
중심으로』, 1980.

한상복, 「도시생활」, 서울대학교 사회과학대학 인구 및 발전문제 연구소
편, 『한국사회 : 인구와 발전』, 서울 : 고려서적, 1978.

한주미, 「산업체학교를 통한 기업의 노동력 확보 필요와 취학노동자의
교육 욕구간의 갈등 분석」, 이화여자대학교 대학원 교육학과 석
사학위 논문, 1991.

C. 라이트 밀즈, 『사회학적 상상력』, 강희경 · 이해찬 역, 서울: 기린원,
1992.

3. 국외 문헌

Cameron, A., "Bread and Roses Revisited: Women's Culture and Working
Class Activism in the Lawrence Strike of 1912", *Women, Work and
Protest*, ed. by Milkman, R., London : Routledge & Kegan Paul,
1985.

Dublin, T., *Women at Work*, New York: Columbia Univ. Press, 1979.

Frederickson, M., "I Know Which Side I'm On: Southern women in the La-
bor Movement in the Twentieth Century", *Work and Protest*, ed. by

Milkman, R., London: Routledge & Kegan Paul, 1985.

Geary, D., *European Labour Protest 1848-1939*, London: Croom Helm, 1981.

Harris, A. K., "Problems of Coalition—Building: Women and Trad Unions in the 1920's", *Work and Protest*, ed. by Milkman, R., London: Routledge & Kegan Paul, 1985.

Milkman, R., "Wage—Earning Women: Rising Women"(Book Review), *Insurge Sociologist*, Fall, Vol.11. No.3, 1982.

Mills, C.W., *Sociological Imagination*, Pelican Books, 1975

Perl, N. S., "Resistance Strategies: The Routine Struggle for Bread and Roses", *My Troubles Are Going To Have Troubles With Me*, ed. by Sacks, K.B., New Brunswick: Rutgers Univ. Press, 1984.

Sacks, K. B., "Coumputers, Ward Secretaries and a Walkout in a Southern Hospital", *My Troubles Are Going To Have Troubles With Me* ed. by Sacks, K.B. and Remy, D., New Brunswick: Rutgers Univ. Press, 1984.

Skocpol, T.(ed), *Vison and Method in Historical Sociology*, New York and Cambridge: Cambridge University Press, 1984.

Scott, J.W., "Women in The Making of the English Working Class", *Gender and the Politics of History*, New York: Columbia Univ. Press, 1988.

Szczepanski, J., "The Use of Autobiographies in Historical social Psychology", *Biography and Society*, ed. by Daniel Bertaux, U.S.A.: International Sociological Association/ISA, 1981.

Tentler, L.W., *Wage-Earning Women: Industrial Work and Family Life in the United states, 1900-1930*, Oxford Univ. Press, 1979.

Thompson, E.P., *The Making of the English Working Class*, New York: Vintage Books, 1963.

Thompson, P., *The Voice of the Past Oral History*, Oxford London New York: Oxford Univ. Press, 1978.

——————, "Life Histories and the Analysis of Social Change", *Biography and Society*, ed. by Bertaux, D., U.S.A.: International Sociological Association ISA, 1981.

Tilly, L.A., "Paths of Proletarianization: Organization of Production, Sexual Division of Labor, and Women's Collective Action", *Signs*, Vol.7, No.2, 1981.

Waldinger, R., "Another Look at the International Ladies' Garment Workers' Union: Women, Industry Structure and Collective Action", *Women, Work and Protest*, ed. by Milkman, R., London: Routledge & Kegan Paul, 1985.

Wood, E.M., "The Politics of Theory and the Concept of Class: E.P. Thompson and His Critics", *Studies in Political Economy*, 9, 1982.

찾아보기

구술생애사를 통해 본 여성 노동운동

구술생애사를 통해 본 여성 노동운동